Troll-
fjord
Nordmeer
Vesterålen
Myre
Tromsø
Lofoten
Svolvær
Narvik
Bodø
Polarkreis
Mo i Rana
SCHWEDEN
FINNLAND
Kristiansund
Trondheim
Ålesund
NORWEGEN
Bergen
Oslo
Stockholm
Stavanger
Kristian-
sand
Göteborg
RUSSLAND
ESTLAND
LETTLAND
DÄNEMARK
Kopen-
hagen
Ostsee
LITAUEN
Nordsee
Flensburg
RUSS.
FÖD.
WEISS-
RUSSLAND
DEUTSCHLAND
POLEN
W0364633

DELIUS KLASING

ARVED FUCHS
PETER SANDMEYER
Fotos: Harald Schmitt

POLARLICHT IN DEN SEGELN

Eine Winterreise zu den Lofoten

Delius Klasing Verlag

Verlagshinweis
Besitzer von Smartphones oder Tablets können die in diesem Buch platzierten QR-Codes zum direkten Aufruf von Bildern und Videos nutzen. Dafür notwendig ist der Download einer QR-Code-Reader-App.
Nach dem Download muss die App lediglich gestartet werden. Die Kamera des Smartphones dann ca. 10 cm über einen QR-Code im Buch halten – und schon öffnet sich automatisch das entsprechende Bildmaterial.

Bibliografische Information der Deutschen Nationalbibliothek
Die Deutsche Nationalbibliothek verzeichnet diese Publikation in der Deutschen Nationalbibliografie; detaillierte bibliografische Daten sind im Internet über http://dnb.dnb.de abrufbar.

1. Auflage
ISBN 978-3-7688-3673-9
© by Delius, Klasing & Co. KG, Bielefeld

Lektorat: Birgit Radebold
Titelfoto oben: Gabi Reichert, Bubenheim
Fotos: Harald Schmitt bis auf S. 32/33 sowie S. 48: Peter Fleischer
Abbildungen: Gisbert Lange
Filme: Tim B. Frank / Blackbird Productions GmbH
Karte: inch3, Bielefeld
Schutzumschlaggestaltung: Buchholz.Graphiker, Hamburg
Layout: Gabriele Engel
Lithografie: scanlitho.teams, Bielefeld
Druck: Firmengruppe APPL – aprinta druck, Wemding
Printed in Germany 2013

Alle Rechte vorbehalten! Ohne ausdrückliche Erlaubnis des Verlages darf das Werk weder komplett noch teilweise reproduziert, übertragen oder kopiert werden, wie z. B. manuell oder mithilfe elektronischer und mechanischer Systeme inklusive Fotokopieren, Bandaufzeichnung und Datenspeicherung.

Delius Klasing Verlag, Siekerwall 21, D - 33602 Bielefeld
Tel.: 0521/559-0, Fax: 0521/559-115
E-Mail: info@delius-klasing.de
www.delius-klasing.de

INHALT

30

LEINEN LOS!

Wochen vor dem Aufbruch beginnt die Reise. Der Schlaf wird unruhig, die Träume werden abstrus. Wacht man erschrocken auf, klirren draußen die Zweige im Eiswind. Man möchte im Bett bleiben, die Decke unters Kinn ziehen, die Heizung hochdrehen, auf das Frühjahr warten.

Aber dann ist der 28. Dezember 2012 da, ein sonniger, aber eisiger Wintertag in Flensburg. Der Museumshafen liegt in tiefer Ruhe, die Schiffe sind verlassen, viele eingepackt, verbarrikadiert gegen Frost und Schnee, nur an einem herrscht reger Betrieb. Am Kai vor der – DAGMAR AAEN stapeln sich Kartons, Proviant und Getränke werden an Bord gewuchtet, Segeltaschen und Schlafsäcke fliegen von Hand zu Hand und wandern unter Deck; Freunde, Verwandte der Crew, sogar Fernsehteams kommen zum Schiff, stehen frierend auf der Kaimauer und an Deck. Hände werden gedrückt, Umarmungen ausgetauscht, Küsse gewechselt; Üze Oldenburg, der freundliche Bänkelbarde und Gaffelsegler mit dem schiefem Lächeln, klettert mit seiner Drehleier auf das Achterschiff, an seiner Seite Sibylle Hummel, eine befreundete Sängerin mit hafenfüllendem Mezzosopran, und beide stimmen das alte feierliche schottische Lied an »Should auld acquaintance be forgot … Nehmt Abschied, Brüder, ungewiss ist alle Wiederkehr …«

Als die letzten Töne und der Beifall für die Sängerin verklungen sind, wird die Maschine angelassen, der Drei-Zylinder-Diesel beginnt zu wummern, die Besucher verlassen das Schiff, stehen jetzt dicht gedrängt am Hafenrand, winken und rufen letzte Grüße, dann hallen die vertrauten Kommandos übers Deck, »Vorleinen los, los achtern«. Vorsichtig manövriert der hölzerne Haikutter aus seiner Box, dreht die Nase nach Norden, nimmt Fahrt auf und verschwindet nach wenigen Minuten um die erste Biegung der Flensburger Förde. Vor seinem Bug liegen die Dänische Südsee, das Skagerrak, die endlose Küste Norwegens, und vor der Crew liegen 1300 Seemeilen, eine lange Winterreise nordwärts zu einem Ziel jenseits des Polarkreises: den Lofoten. Und während das Schiff seine ersten Meilen zurücklegt und die in Flensburg Zurückgebliebenen aus der Hafenkälte hastig zu ihren Autos oder in die Wärme eines Altstadtcafés fliehen, schütteln manche von ihnen immer noch innerlich den Kopf.

»Nehmt Abschied, Brüder, ungewiss ist eure Wiederkehr«: Bänkelbarde Üze Oldenburg und die Mezzosopranistin Sybille Hummel singen zum Abschied. Freunde und Fans winken der auslaufenden DAGMAR AAEN hinterher.

WARUM DIESE FAHRT?

Selten sind Zeigefinger so oft und so schnell nach oben geschnellt und so nachdrücklich gegen die Stirn getippt worden wie in den Wochen vor diesem Aufbruch, wenn Menschen von unserem Vorhaben gehört haben. Segeln? Im tiefsten Winter?? Nach Nordnorwegen???

Das Unverständnis ist verständlich. Ein Schiff von gerade einmal 18 Metern Rumpflänge, das für viele Wochen Quartier sein soll für zehn Menschen, die sich zum Teil erst auf dieser Fahrt kennenlernen, die an Deck und am offenen Steuerstand Kälte, Wind, Schnee und Eisregen preisgegeben sind, die unter Deck wenig Platz, keinen privaten Rückzugsraum und keine Dusche haben, die nachts in sargartigen Kojen liegen und tagsüber wenig sehen, weil es meistens dunkel ist – warum machen die das?

Ja, warum? Weil es noch keiner gemacht hat und wir uns unbedingt eine Eintragung auf der langen Liste der Nonsens-Leistungen – »Auf Stöckelschuhen durch die Sahara«, »Mit der Luftmatratze übers Great-Barrier-Riff« – sichern wollen? Ganz im Gegenteil. Weil es vor uns so viele gemacht haben, machen mussten, jahrhundertelang. Die winterliche Fahrt zu den Lofoten ist in Norwegen uralte Tradition. Es sind die vielen Vorausgefahrenen, die unsere Bewunderung haben und die uns zu dieser Nachfahrt locken.

Der norwegische Schriftsteller Johan Bojer beschreibt diese Szene in seinem Roman »Den siste viking«, der 1921 erschien, 1923 in Deutschland unter dem Titel »Die Lofotfischer«. Der Autor erzählt darin von dem kleinen Goldrausch,

Unverändert wie die Landschaft: Ein musealer Krämerladen in Svolvær.

» Die Schneeflocken schwebten schon über Blaaheia im Norden hin, die Tage waren grau und düster, und auf den Wegen zum Krämer gab es ein Getrappel von vielen eisenbeschlagenen Absätzen. Wie die Zugvögel sich sammeln, bevor sie die Reise antreten, so kamen auch die Seeleute truppweise daher. Sie sahen alle ziemlich gleich aus, in weißer Segeltuchjacke, in schwarzem Filzhut so groß wie ein Regenschirm, und grauen Frieshosen, die unten über die Stiefelstrippen hingen. Aber einige hatten rote Zipfelmützen auf, deren Quasten über dem einen Ohr baumelten. Sie gingen erst in den Laden diesseits der Brücke und standen hier dicht an dicht, eine Jacke neben der anderen. Und der kleine Bucklige hinter dem Ladentisch sauste bald hierhin, bald dorthin im Lampenlicht und suchte in den Regalen. Und bisweilen konnte er auch einen Schilling in die Geldlade werfen, aber das meiste musste in einem langen Buch angeschrieben werden.

Pumpen wollten sie alle: Mehlsäcke, Tabak, Zwieback, der in funkelnagelneuen Fässern verstaut war, Sirup in Lägeln, Kaffee in Fässchen, Leder und Paraffinöl. Und fast alle hatten noch alte Schulden, und alle erwarteten, dass die Lofotfischerei sie diesmal schuldenfrei und wohlhabend machen werde; in diesem Jahr musste es doch endlich einschlagen. «

Kälte, Dunkelheit, Sturm, aber auch überwältigende Landschaftsbilder und Begegnungen mit urwüchsigen Menschen. Die Crew der DAGMAR AAEN sammelt Eindrücke jenseits der Touristenpfade und Kreuzfahrtrouten.

der Jahr für Jahr überall entlang der norwegischen Küste ausbrach, wo die meisten Menschen arm waren und ein armseliges Leben führten und jedes Jahr wieder auf eine Wendung zum Guten hofften, wenn die Zeit kam, dass hoch im Norden die riesigen Schwärme des Kabeljaus zu ihren Laichplätzen bei den Lofoten zogen. Dann wurden in allen Dörfern Pullover gestopft, Seestiefel geteert, Boote überholt, mit Proviant beladen, mit Mast und Segel ausgerüstet und viele Hunderte von Meilen nach Norden gesegelt, wo das Gold des Meeres lockte: Kabeljau. Getrocknet, zu Stockfisch verarbeitet und in die katholischen Länder des Südens exportiert, wo man ihn als Fastenspeise schätzte und mit gutem Geld aufwog.

Wer Bojers Buch liest, taucht tief ein in eine elementare Welt, in der das gesamte Leben der Menschen diktiert war von einem unsäglich harten Kampf mit der Natur. Sturm und Kälte, furchteinflößendes Segeln in offenen Booten, knochenschindendes Rudern auf offenem Ozean und bis zur Erschöpfung andauernde Mühsal beim Fischen bestimmten den Alltag der Lofotfischer. Doch man muss in dieser Welt auch den Erfindungsreichtum der Menschen bewundern, ihre Kunstfertigkeit bei Schiffbau und Fischerei, ihre Kraft und Kühnheit und Kameradschaft. Es ist ein Buch, das jeden, der sich für Seefahrt und das Wesen und den Wandel einer Küstenkultur interessiert, gefangen nimmt.

GARMIN
Seaman

SAILOR

Johan Bojer wurde 1872 in der Nähe von Trondheim geboren und hat als junger Mann die Veränderungen und Erschütterungen zu Beginn der neuen industriellen Welt, die damals entstand, bewusst miterlebt. Auch diesen Zeitenwechsel, die Wende zum 20. Jahrhundert, beschreibt sein Buch: Vor den Lofoten tauchen die ersten Dampftrawler kapitalkräftiger Unternehmen auf, machen den traditionellen Fischern auf ihren kleinen Ruderbooten Konkurrenz und beginnen mit einem Raubbau an den Kabeljaubeständen, der sich bis weit ins 20. Jahrhundert hinein fortsetzte. In manchen Gegenden der Welt, auf den Grand Banks vor Kanada zum Beispiel, hat er zu einem kompletten Zusammenbruch der Population geführt.

Jeder an Bord der DAGMAR AAEN kennt Bojers Buch. Und alle sind fasziniert von der Idee, auf diesem ehemaligen dänischen Fischkutter unter Segeln den Kursen der alten Lofotfischer zu folgen und auf authentische Weise zu erfahren, was diese Menschen früher erlebt und geleistet haben. Dabei wollen wir gleichzeitig erkunden, was heute aus der jahrhundertealten Tradition der Lofotfischerei geworden ist und wie es um die Ressource bestellt ist, von der sie lebt.

Windstärke zehn, dichtes Schneetreiben, Nordlicht: Die Winterfahrt durch die Norwegische See sorgt für Erlebnisse, die sich jedem an Bord tief einprägen.

SAILOR

EINGEWÖHNUNG

Aller Anfang ist schwer. Eine Crew zu Beginn einer Reise ist wie ein Orchester, wenn es mit den Proben für ein Konzert anfängt. Es muss sich einstimmen, einspielen, einschwingen auf seinen Dirigenten und seine Aufgabe. An Bord müssen die Seebeine wieder wachsen, man muss sich wieder gewöhnen an veränderte Bewegungsanforderungen, an das ständige Zusammensein mit anderen, an einen anderen Rhythmus des Tages und des Lebens. Die Bordroutine hilft dabei. Sie wirkt wie eine Uniform, die hilft, Halt und Haltung zu finden.

Jeder, der auf dieser Reise mitfährt, hat schon Erfahrungen auf der DAGMAR AAEN gesammelt, weiß, was auf ihn zukommt, kennt seine Aufgaben. Den Wachdienst zum Beispiel. Die Einteilungen sind wie immer auf unseren Fahrten, aber dennoch fühlt sich manches auf dieser Reise anders an als sonst und fremd.

Jede Wache dauert vier Stunden. Um Mitternacht beginnt die sogenannte Null-bis-vier-Wache. Sie bedeutet vier Stunden Dunkelheit, Kälte und eine latente Müdigkeit, die die Zeit doppelt lang erscheinen lässt. Für den Rudergänger alles andere als eine Steueroase. Weil sie so unbeliebt sind, werden diese vier Stunden auch Hundewache genannt.

Sie ist zermürbend, verlangt aber trotzdem äußerste Sorgfalt und Aufmerksamkeit. Bei der Navigation und beim Steuern darf es keine Aussetzer geben. Um vier Uhr morgens werden die beiden Wachhabenden von der Vier-bis-acht-Wache abgelöst. Die ist unter der Mannschaft eigentlich beliebt, weil man unter normalen Bedingungen in den Tag hineinfährt. Von eben dieser Normalität kann auf diesem Törn allerdings kaum die Rede sein. Mit den Stunden von vier bis acht assoziiert man Sonnenaufgang, Tagesanbruch, Wärme – nicht so bei unserem Fahrtgebiet. Dort geht die Sonne bestenfalls gegen zehn Uhr morgens auf, also während der Acht-bis-zwölf-Wache. Für die gibt es Tageslicht, wenn auch nur kurz. Auch von Wärme kann hier wirklich nicht die Rede sein. Die muss mithilfe der Ausrüstung gehalten werden. Am schlimmsten sind die Füße und die Finger betroffen. Vier Stunden Kälte und Nässe sind gefühlte acht Stunden, und mit kalten Fingern und Füßen kann man locker noch einmal gefühlte zwei dazurechnen. Die Füße schützen wir mit dick gefütterten Polarstiefeln, die für weit grimmigere Temperaturen geschaffen sind und daher ihre Aufgabe ziemlich souverän erfüllen. Mit den Händen ist es schon schwieriger, denn bei den notwendigen Arbeiten an Deck kann man unmöglich dicke Stulpen tragen. Teilweise müssen wir mit bloßen Händen Knoten einbinden oder lösen – das tut weh. Die Kleidung besteht aus diversen Schichten Funktionsunterwäsche, Fleecejacken und -hosen sowie Daunenwesten und Segelbekleidung. Mehr

Ein Winterbild wie aus dem Sommer. In der knappen Tageslichtphase am Mittag pflügt die DAGMAR AAEN im Sonnenlicht unter Vollzeug durch den Atlantik.

Alltagsroutine an Bord. Das Deck muss geschrubbt und der Kurs kontrolliert werden. Alle zwei Stunden werden die Luft- und die Wassertemperatur gemessen.

geht nicht, sonst kann man sich nicht bewegen. Und wenn man sich bewegt, richtig bewegt, wie beispielsweise bei Manövern, beim Segeldichtholen oder beim Rudergehen in schwerer See, bricht schnell der Schweiß aus.

Es hilft sehr, dass wir mit dem Schiff über Jahrzehnte polare Erfahrungen gesammelt haben. Zu ihnen gehört die Erkenntnis, dass es unter Deck immer warm und trocken zu sein hat. Der Niedergang zur Messe ist bei diesem Wetter wie der Eintritt in den Wellnessbereich eines Hotels. Die Ansprüche sinken eben mit dem Angebot – und Letzteres ist an Bord sehr begrenzt. Auf dem Herd steht immerhin stets ein Kessel mit siedendem Wasser. Tee oder brühend heißer Kaffee werden literweise konsumiert. Klamme Ausrüstung trocknet am Haken und muffelt vor sich hin – egal. Hauptsache warm, Hauptsache trocken. Solche Schiffe, solche Reisen sind eben nichts für Warmduscher.

Für diese Reise ist die DAGMAR AAEN – wie jedes Jahr – auf einer Werft in Dänemark auf Herz und Nieren geprüft worden. Dabei geht es nicht (nur) ums schöne Äußere, sondern um Existenzielles. Das Deck hatte Leckagen, die Nähte zwischen den Planken mussten ausgekratzt und komplett neu kalfatert werden; Seeventile wurden ausgetauscht, neue Bullaugen im Mittschiffsniedergang eingebaut, das Rigg wurde überholt und das laufende Gut teilweise erneuert. Das Schiff ist unsere Lebensversicherung. Wir möchten bei einem Sturm nicht wirklich darüber nachdenken müssen, ob man dieses oder jenes Teil vielleicht doch besser hätte auswechseln sollen. Das wäre ganz sicher der falsche Ort und Zeitpunkt. Wo immer der Zahn der Zeit nagt oder sich Verschleiß am Schiff zeigt, gehen die dänischen Bootsbauer deswegen mit gnadenloser Entschlossenheit zu Werke. Das Resultat sind schweißtreibende Rechnungen – und ein Schiff, das jeder Situation gewachsen ist. Darauf kommt es letztlich an. Die DAGMAR AAEN ist ein ehemaliges Fischereischiff, für die Nordsee und den Nordatlantik konzipiert. In ihren jungen Jahren wäre sie auf den Lofoten gar nicht aufgefallen. Sie hätte sich harmonisch in die Flotte eingefügt. Sie wäre ein Fischkutter unter Hunderten gewesen. Ihre Robustheit und Seetüchtigkeit hat sie bis heute nicht eingebüßt. Im Gegenteil, im Laufe der Jahre ist sie zusätzlich verstärkt und verbessert worden und heute sicherlich seetüchtiger, eisfester und besser ausgerüstet als je zuvor.

Doch der Komfort unter Deck ist im Originalzustand erhalten. Wer mitfährt, weiß, dass es weder Dusche noch Waschmaschine gibt und er unterwegs viel für den Erhalt des natürlichen Säureschutzmantels seiner Haut tun wird. An das Gefühl von Ungewaschenheit gewöhnt man sich, auch an den dazugehörigen Geruch.

Überraschend schnell gewöhnt man sich auch wieder an seine Koje, selbst wenn sie mit den Maßen 185 × 55 × 50 (Höhe) Zentimeter die Abmessungen eines deutschen Standardsargs leicht unterschreitet. Am ersten Abend denkt man noch: Mit etwas Humusduft in der Nase ließe sich hier ein ziemlich authentisches Gefühl dafür entwickeln, wie man die folgenden Jahrhunderte verbringen wird. Aber am nächsten Morgen, wenn man durch die letzten Traumfetzen die ersten Geräusche von draußen wahrnimmt und schlagartig weiß, dass es dort gleich stockfinster und bitterkalt sein wird, ist die dämmrige Höhle schon zur Heimat geworden, und man möchte die Schiebeklappen am liebsten geschlossen lassen und in der wohligen Wärme für immer liegen bleiben. Erst recht, wenn die DAGMAR AAEN einen ihrer wilden Tänze in rauer See vollführt, sich aufbäumt und wieder fallen lässt, sich wie eine Katze in der Sonne von der linken auf die rechte Seite und wieder zurück rollt. Dann verkeilt man sich wohlig zwischen Bordwand und Schiebetür und fühlt sich bei der wilden Achterbahnfahrt wie in Mutters Wiege. Wir haben es warm, wir haben es trocken, wir haben Licht in unserer Koje – wir wissen den Luxus zu schätzen, von dem die alten Lofotfischer nur träumen konnten.

Überraschend schnell setzt auch das Neckspiel zwischen Vorschiff und Mittschiff wieder ein, das auf der DAGMAR AAEN schon Tradition hat. Vorn gibt es anderthalb Quadratmeter Grundfläche mit einem kleinen Arbeitstisch und vier Kojen, mittschiffs sind die Pantry und sechs Kojen rund um den großen Esstisch auf 13 Quadratmetern untergebracht. Hier schlafen die jüngeren Crew-Mitglieder, vorn die älteren, die den Luxus eines kleinen Bullerofens – contra dicken Herds mittschiffs – genießen, zudem, sich zu viert ein Klo teilen zu können, während hinten sechs das zweite Klo gemeinsam nutzen. Obwohl es vorn durchaus andere Nachteile gibt, beispielsweise den, dass jeglicher Seegang ungleich spürbarer und das Leben deutlich schaukeliger

» *Die Segel herunter, den Anker über Bord, den Kaffeekessel in der Kombüse aufs Feuer. Es war nur knapp Platz für sechs Männer auf den Felldecken, obwohl sie die Ölmäntel ausgezogen hatten, aber Butter und Brot und heißer Kaffee taten gut; gekochtes Essen konnte es nur geben, wenn sich gerade einmal eine Gelegenheit bot.*

Sie zogen die nassen Wasserstiefel aus, löschten die Lampe und krochen in den Kleidern unter die Felldecken. Sechs Mann in einer Reihe; Lars, der Kleinste, musste den Platz dicht am Hintersteven nehmen.

Nun lag er hier zum ersten Mal auf der Lofotfahrt und sollte eine Winternacht in einer undichten Kombüse schlafen, in der Wind und Kälte von allen Seiten eindrangen. Seine neuen Fausthandschuhe waren im Lauf des Tages sehr nass geworden, und jetzt legte er sie unter sich, um sie für den nächsten Tag soweit wie möglich aufzuwärmen.

Und bald schnarchten die müden Fischer um die Wette mit dem Pfeifen im Takelwerk und dem tiefen Orgelton vom Meere her. «

Segelsetzen unter erschwerten Bedingungen. Die Fock ist vereist, der Klüverbaum voller Schnee. Nicht von ungefähr wurde er früher »Witwenmacher« genannt.

Menschliche Nähe unvermeidbar. Bei sechs engen Kojen in der Messe und vier im Vorschiff sollten die Crewmitglieder sich gut riechen können. Akrobatisches Talent ist ebenfalls von Vorteil.

ist, schürt das Klo-Privileg der vorn Wohnenden einen gewissen Sozialneid, der sich in respektlosen Bemerkungen niederschlägt wie etwa dem Begriff »Seniorenheim«. Als einmal sogar das Wort »Geriatrie« fällt, reicht es. Das Vorschiff schreitet zur Rache. Da hinten gerade die Teebeutel ausgegangen sind, werden die vorn benutzten nach Verwendung sorgfältig getrocknet und dann in der Nacht hinten ans schwarze Brett gehängt mit einem Zettel, auf dem steht: »Zweiter Aufguss für die zweite Klasse«.

Jeder Aufbruch putscht Adrenalin in die Blutbahn, so auch der in Flensburg. Die Folge: Es herrscht Hochstimmung an Bord. Bis Skagen haben wir kräftigen südwestlichen Wind, der uns mit prächtiger Fahrt unter gerefftem Groß, Fock und Klüver bis vor die Einfahrt des Hafens schiebt. Und da wird erst einmal Silvester gefeiert. Zum Jahreswechsel gibt es gut gebratene Gans, und zwar gleich in doppelter Ausfertigung – für den Koch eine erhebliche logistische Herausforderung. Wie er die beiden je viereinhalb Kilogramm schweren Tiere, die ein glückliches Leben auf Schleswiger Weiden hinter sich haben, zeitgleich kross und braun gebraten bekommt, bleibt sein Geheimnis. Aber er schafft es, pünktlich zum Abendessen stehen die Vögel auf der Back. Dazu Klöße, klassische Füllung, Kartoffeln und Gemüse – das neue Jahr kann kommen.

Und weil die Feier lange währt und der Neujahrstag trotz Sonnenschein deshalb zum Ruhetag ausgerufen wird, bekommen wir die Quittung für unsere Säumigkeit am nächsten Tag. Wer zu spät kommt, den bestraft bekanntlich das Leben. In diesem Fall übernimmt das Skagerrak mit steifem Nordwestwind die anstehenden Sanktionen. Der Wind kommt genau aus der Richtung, in die wir wollen, Tendenz zunehmend. Hart am Wind, bei grober See und von eisigen Schauern der Nordsee geduscht, laufen wir Nordkurs Richtung Risør. Dort wollen wir zwar eigentlich gar nicht hin, aber die norwegische Küste verspricht ein wenig Abdeckung – und vielleicht dreht der Wind ja.

Tut er nicht. Am 3. Januar erreichen wir die norwegische Küste und tasten uns vorsichtig an Schären und kleinen Inseln vorbei nordwärts. Der Wind bleibt ungünstig. Teilweise segeln wir, teilweise laufen wir unter Maschine. Der Himmel ist grau und bleiern, es bläst aus allen Knopflöchern ... gemütlich ist anders. Die Wachen stehen einsilbig und fröstelnd an Deck. Januar im Skagerrak – bitte sehr, wir wollten es ja so.

Am 7. Januar laufen wir endlich in Bergen ein, vier Tage später als geplant. Die Fahrt war wahrlich keine Urlaubsreise. Als das Schiff sicher vertäut an der Pier liegt, fällt auch die Anspannung spürbar ab. Wetter hin, Wetter her – erst gibt es einen Grog an Deck, dann zwei Tage Verschnaufpause im Hafen.

DAGMAR AAEN

BERGEN

»Welcome to the fjords« grüßt der Fährterminal in Bergen, Zentrum des norwegischen Fjordlands, ehemalige Hauptstadt Norwegens und damals wie heute Metropole des Regens. Gebracht wird der von den Wolken, die von Westen über das Meer kommen und dann von den sieben Hausbergen aufgehalten werden, die den alten Handelsort umschließen. Deswegen regnet es hier durchschnittlich an 243 Tagen pro Jahr, auch jetzt, mitten im Winter. Das Tief, das uns draußen auf See zu schaffen gemacht hat, lässt einen unwirklich warmen Wind durch die Gänge des alten Hanseviertels Bryggen pfeifen, peitscht die letzten Silvesterreste vor sich her und bringt die übrig gebliebenen Weihnachtsdekorationen zum Tanzen.

In Bryggen (norwegisch Kai, Landungsbrücke), früher »Tyske Bryggen« (der deutsche Kai), einem Quartier direkt am Hafen, stehen noch 62 Kaufmannshöfe aus dem Jahre 1702. Hier hatte der Bund der deutschen Hanse einst seinen wichtigsten Außenhandelsposten. 800 Jahre lang bildeten in Bergen rund 1000 Kaufleute mit ihren Knechten und Lehrjungen eine hanseatische Kolonie, einen Staat im Staat mit eigener Verwaltung und Gerichtsbarkeit. Eins der hölzernen Kontor- und Lagerhäuser ist heute Museum, man kann auf engen Stiegen zu den niedrigen Stuben emporsteigen, wo das einfache Arbeitsvolk in derben Holzkojen schlief, und auf den Pulten der kleinen Schreibkammern in den alten Kontorbüchern lesen, welche Güter hier gelagert und umgeschlagen wurden: vor allem Stockfisch und Lebertran von Nord nach Süd, Getreide und Schnaps von Süd nach Nord.

Nächtliche Ankunft im Schneeregen. Vier Tage später als geplant erreicht die DAGMAR AAEN den Hafen von Bergen. Am nächsten Morgen herrscht dort wieder die übliche Regenstimmung.

Rückblick in die Hansezeit. Im Museum kann man erleben, wie die Handelsherren vor dreihundert Jahren gelebt, gefeilscht und geschlafen haben – inklusive Pin-up-Girl. Der im Sommer überfüllte Hafen wirkt am Wintermorgen wie auf einem alten Gemälde.

In einem der schmalen Holzgänge des Bryggen-Viertels lernen wir Lars Yvar Dale kennen, der dort einen Laden für Anglerbedarf hat. Der 34-Jährige ist 1,91 Meter groß und bärenhaft gebaut, hat knappes Haupthaar, aber einen vollen, roten Bart und würde gut unter einen Helm mit Hörnern und auf ein Wikingerboot passen. In seinem Geschäft herrscht jetzt Flaute, aber im Sommer drängen sich hier die Kunden, auch viele deutsche: Sie kaufen Angeln, Rollen, Köder, Blinker, Kescher, Messer, Räucheröfen und Mückenschutz und lassen sich über die besten Fangplätze in den verzweigten Fjorden beraten. Lars kennt sich aus. Nicht nur, weil er sich seinen Fischbedarf selbst dort fängt, sondern vor allem, weil er Angeln als Schulfach lehrt. Lars ist nämlich auch Lehrer mit den Schwerpunktfächern Biologie und Geografie. Pro Jahr verbringt er circa zwölf Wochen in einem Schulstützpunkt am Meer in der Nähe von Bergen. Dann kommen Schülergruppen für jeweils eine Woche zu ihm und werden von ihm darin unterrichtet, die maritime Umwelt zu verstehen: Welche Fische gibt es, wo leben sie, in welchen Tiefen, was fressen sie, wie und wo vermehren sie sich, wie fängt man sie und – nicht zuletzt – wie bereitet man sie zu?

Lars nimmt uns mit nach Nautnes, dem schmalen Ende eines langen Fjords, wo der Schulstützpunkt liegt. Zu ihm gehören ein idyllisches rotes Holzhaus, ein breites Sortiment von Angeln, Ködern und Zubehör sowie ein 27-Fuß-Motorboot, mit dem Lars seine Gruppen, immer 15 bis 20 Schüler, hinausfährt in den

Angeln als Pflichtfach. Lars Yvar Dale ist Inhaber eines Geschäfts für Anglerbedarf, Biologe und Lehrer, der Schulkindern ihre maritime Umwelt nahebringt und ihnen zeigt, wie man Fische fängt und zerlegt – und selbstverständlich auch zubereitet.

Fjord. Lars erklärt ihnen dann beispielsweise, dass Kabeljau ein Raubfisch ist, der jetzt im Januar gern kleine Krabben frisst, die er in flacherem Wasser erbeutet. Also sucht Lars mit Seekarte und GPS einen Ankerplatz auf circa 15 Meter Wassertiefe und wirft dort seine Angel aus. Während er uns noch erklärt, wie man mit der Rute den Köder auf und ab bewegt, um die Aufmerksamkeit des Fisches zu erregen, zappelt schon der erste am Haken, eine Krabbe im Maul. Die Schüler sind von solchen Demonstrationen genauso begeistert wie wir. Wenn sie dann den Umgang mit Rute und Rolle erfolgreich geübt haben und Lars mit seiner Gruppe und seinem Fang wieder an Land ist, gibt es dort weiterführenden Unterricht, anschließend werden die Fische gemeinsam ausgenommen, filetiert, gegrillt und gegessen.

Der kleine Ausflug mit Lars macht uns vielerlei klar: zum einen die beneidenswert andere Auffassung der öffentlichen Schulen in Norwegen von ihrer Aufgabe und dem notwendigen Spektrum des Unterrichts, zum anderen das grundsätzlich andere Verhältnis der Norweger zum Meer und seinem Lebensraum. 80 Prozent der Bevölkerung des Landes leben nicht weiter als zehn Kilometer von der Küste entfernt. Immer war das Meer mit seinem Fischreichtum der Garant des Überlebens, diese Erinnerung hat sich dem kollektiven Bewusstsein der Nation tief eingeprägt. Alles, was entlang der Küste geschieht, alles, was mit dem Meer, mit Fischerei, Seefahrt und Schiffen zu tun hat, ist in Norwegen Gegenstand höchsten öffentlichen Interesses und häufig auch leidenschaftlicher öffentlicher Debatten.

Auch deshalb tippt sich hier keiner an die Stirn, wenn er vom Ziel der DAGMAR AAEN und dem Zweck ihrer Reise erfährt.

FJORDFAHRT

» So segelten sie einen Tag nach dem andern, bei gutem Wind, bei halbem Wind, bei Gegenwind, so dass sie kreuzen oder sogar hinter einer Landspitze liegen blieben und warten müssen. Es geht durch Sunde und über freies Meer, einen Tag durch Schneegestöber, den nächsten bei klarem Wetter. Kalt war es immer, und das erste, was Lars und Arnt lernen mussten, war, Stunde für Stunde in dem kleinen Raum im Boot stillzustehen und zu frieren. Man bekommt Schnee ins Gesicht und Wasserspritzer über den Rücken, die Füße erstarren, auch wenn man sie bewegt, aber bei gleichmäßigem Wind ist weiter nichts zu tun, als die Seemannsbeine einzustemmen, zu frieren und abzuwarten.

Lars kam es vor, als würden alle Männer an Bord einander ähnlich. Sie standen alle auf einem Fleck und sahen dasselbe, sie dachten an dasselbe, alle Gesichter waren nur noch Wind und Wetter, Himmel und Meer, sie wurden einander mit jedem Tag ähnlicher. «

Das hat Johan Bojer treffend beobachtet. Es ist kalt, die Füße erstarren, man bekommt Wasserspritzer ins Gesicht, und auch die zunehmende Ähnlichkeit der Männer an Bord lässt sich auf der DAGMAR AAEN beobachten. An Deck sowieso, wo alle dick vermummt sind und gelbes Ölzeug tragen gegen das Wasser aus allen Richtungen. Da ist es schwer, zu unterscheiden, wer unter welcher Kapuze steckt. Außerdem lassen Wind oder Seenebelnässe oft die Augen tränen, und dazu ist es lange dunkel. Folglich erzählt man dem Nebenmann an der Reling eine lange Geschichte, um irgendwann festzustellen, dass er gar nicht wie angenommen Uli ist, sondern Volker. Aber auch, wenn beim spärlichen Kajütlicht um sieben Uhr morgens die vier Männer im Vorschiff sich aus ihren dunklen Kojen winden und auf engstem Raum drei Schichten Kleidung, dicke Socken und Stiefel anziehen, lässt sich auf den ersten Blick schwer herausfinden, wer in diesem Knäuel zu welchem Namen gehört. Alle haben verfilzte Haare auf dem Kopf, Bärte oder Bartstoppeln im Gesicht und einen unterdrückten Fluch auf den Lippen, weil auch der dritte Versuch, auf einem Fuß stehend den Seestiefel über den anderen Fuß zu ziehen, wegen des Seegangs wieder fehlgeschlagen ist und sich beim Umkippen gegen die Wand zu den blauen Flecken am Arm ein weiterer gesellt hat. Ein solcher Tagesbeginn verlangt von den Beteiligten nicht nur Selbstdisziplin und Rücksichtnahme, sondern auch die Fähigkeit zu viel vorsätzlichem Humor.

» Der frische Landwind trug die Boote leicht durch die Krappseen, die das Boot umschäumten. Tief drinnen im Fjord ragten andere Rah- und Topsegel empor, das waren die Fjordanwohner, die da kamen, und weiter draußen tauchten Segler aus Buchten und Einschnitten auf und strebten dem Meere zu. Es ging den alten Weg nordwärts, die Hunderte von Meilen in Sturm, in Frost, in Schneegestöber, denselben Weg, den die Vorfahren seit langen, langen Zeiten gesegelt waren. «

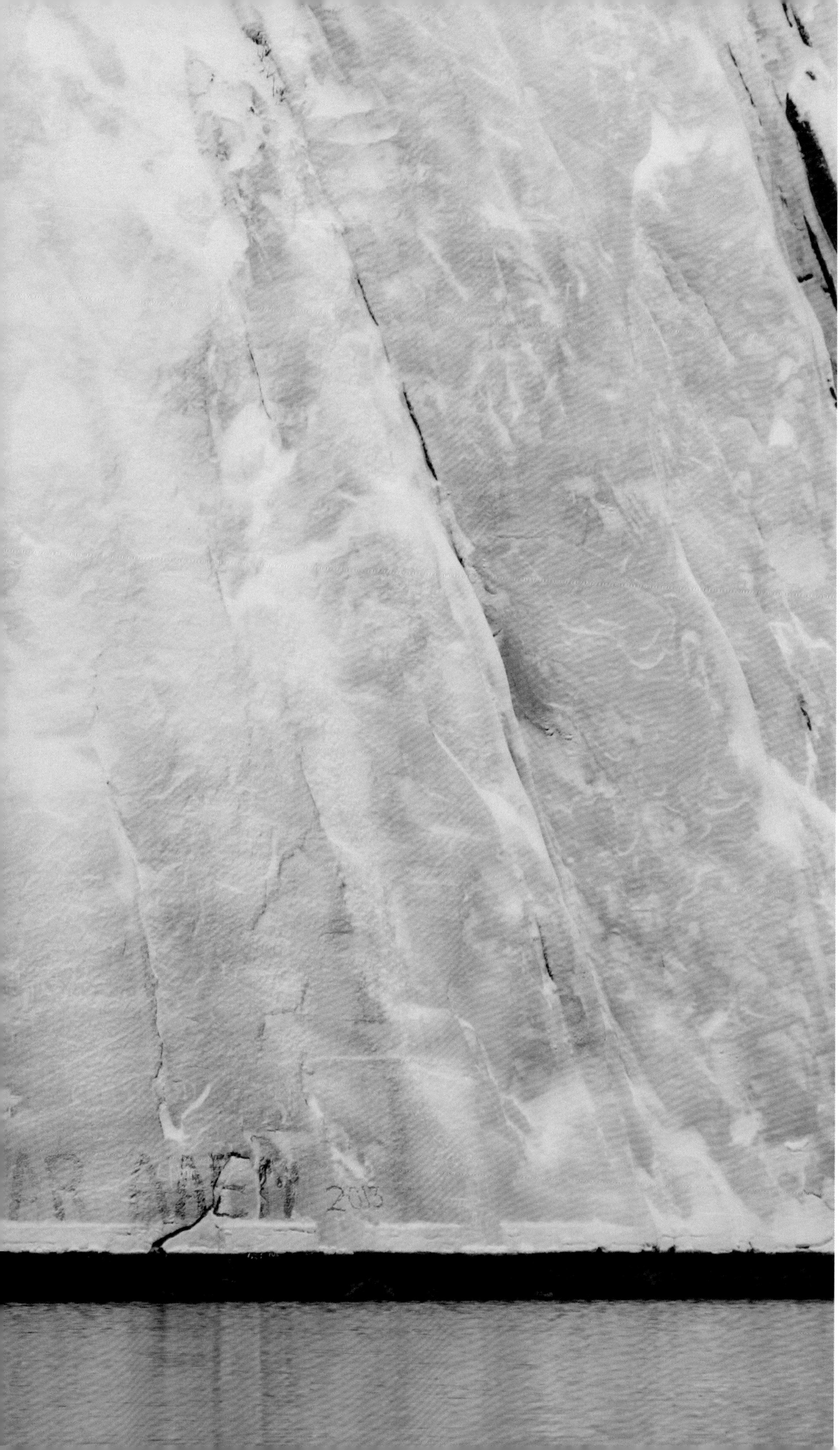

Spuren im Eis.
Zu den eindrucksvollsten Schluchten der Küste Norwegens gehört der Trollfjord östlich von Svolvær. Die Crew hinterlässt dort ein vergängliches Autogramm.

Richtung Norden und immer geradeaus. Sobald der Seeraum zwischen den Fjorden offener wird, gibt Skipper Arved Fuchs den Befehl zum Segelsetzen.

»Guter Mond, du gehst so stille ...« Wenn Wetter und Wind stimmen, wird auch bei Nacht gesegelt.

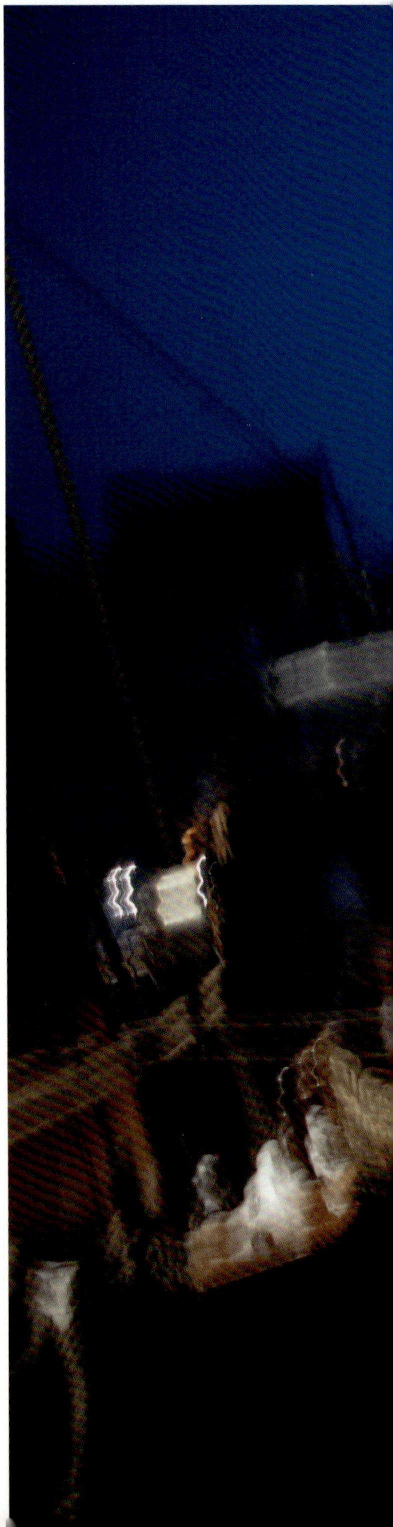

Farblich beginnt unsere Fjordfahrt als Symphonie in Anthrazit. Gerhard Richter hat solche Bilder gemalt. Es ist sternklar, aber fast Neumond, der Himmel ist dunkel, das Land schwarz, das Wasser grau. Ein Trio aus Dunkelheit, Düsterkeit und Finsternis spielt die Musik des Morgens.

Das norwegische Innenfahrwasser ist aber auch bei Dunkelheit für die Schifffahrt bestens markiert. Richtfeuer, Sektorenfeuer, Fahrwassertonnen lassen kaum eine Frage nach dem richtigen Kurs offen. Die elektronische Seekarte gibt die Route wider. Ein symbolisches Schiffchen fährt auf ihr wie auf Schienen den vorgegebenen Kurs ab. Das »Automatic Identification System«, kurz AIS genannt, blendet den übrigen Schiffsverkehr rechtzeitig mit dem dazugehörigen Kurs und der Geschwindigkeit des jeweiligen Schiffes in die Seekarte ein. Analog dazu werden auch wir auf der Brücke des anderen Schiffes wahrgenommen. Navigation des 21. Jahrhunderts. Wir kennen zu jedem Zeitpunkt unsere genaue Position. Das ist beruhigend, denn das Fahrwasser ist zwar gut befeuert, schlägt aber immer wieder plötzliche Haken, sodass man an Deck erst im letzten Moment erkennt, wo es weitergeht. Manchmal werden die Fjorde so eng, dass einem bange werden könnte, links und rechts sind himmelstürmende Wände aus glattem Granit und dazwischen wie eingeklemmt klein und rot unser Schiff.

Tradition und Moderne. Die Crew trimmt die Segel, angelt und filettiert den Fang fachgerecht. Währenddessen hockt der Skipper im Vorschiff und schreibt an seinem Buch.

Ein Blick auf den Kartenplotter genügt dann, um zu erkennen, dass der Abstand zu den flankierenden Felsen reicht und der Kurs uns zum gewünschten Ziel führt. Komfortbedingungen, die weit jenseits der Vorstellungskraft der Fischer waren, die vor 100 Jahren in ihren offenen Booten diese Küste befuhren und nur nach Sicht und Erfahrung steuern konnten – bei Dunkelheit, häufig schlechtem Wetter und irritierenden Strömungsverhältnissen. Generell setzt der Strom bei auflaufender Tide nach Nord, bei ablaufender nach Süd. Aber die vielen Inseln und Fahrwasserverzweigungen sorgen für unübersichtliche Strömungsverläufe, Strömungsstärken und die entsprechende Abdrift. Und als wäre dies alles nicht genug, ändert sich alles alle paar Stunden – ähnlich wie im Nordfriesischen Wattenmeer. Dort wie hier war die Seefahrt lebensgefährlich. Navigation war, wenn man trotzdem ankam.

» Und nun erkannte Lars, dass ein Lofotfischer doch etwas mehr ist als ein Mensch, er hat Augen und Ohren und noch verschiedene Sinne, die kein anderer hat. Die Dämmerung nahm zu, ein Blinkfeuer im Westen warf seine Lichter über das Meer, aber wo dieses Licht nicht hintraf, wurde die Dunkelheit nur größer. Sie sahen bald nichts weiter als die weiße Brandung an den Schären vor sich und zu den Seiten, Kaneles beugte sich weit über den Bootsrand und machte Zeichen mit der Hand in dem weißen Fausthandschuh, und der Vater stand am Steuer und zwang die ›Robbe‹, mit vollen Segeln dahinzuschießen. Im Osten waren die Berge jetzt eine schwarze Wand, gegen die lärmend die See heranprallte, und im Westen tönte das schwere Rauschen der Wellen immer weiter in die Nacht hinaus. Sie segelten immer noch, sie mussten nach Norden, nach Norden. «

GENESIS

Das Tief über der Küste ist inzwischen einem kräftigen Hoch gewichen. Die Luft ist kristallklar, die Temperatur eisig. Es ist später Morgen, als sich über dem dunklen Massiv der Berge im Osten ein schwacher rötlicher Schein bildet, ein Scheinchen, möchte man sagen, so zart ist er. Aber langsam verbreitert sich der Streifen, spendet Licht, schließlich so viel, dass sich die Silhouetten der Schären schwarz aus dem dunklen Wasser schälen, die Sterne verblassen, das Meer und die Felsen Farbe annehmen. Die Sonne bleibt verborgen hinter den Bergen, doch sie füllt den östlichen Himmel jetzt mit einer Essenz von Morgenlicht. Es ist wie Genesis in Zeitlupe: »Und Gott sprach: Es werde Licht! Und es ward Licht.« Das Schauspiel, dem wir beiwohnen, ist sehr sanft und vollkommen still, aber zugleich unglaublich spektakulär. Andächtig verfolgen wir diese Gala aus gesponnenem Licht und getuschten Pastellfarben, und Bernhard Naber, an Land kunstfertiger Möbelbauer, an Bord unser kreativer Koch, murmelt leise: »Wer nicht zur See fährt, weiß gar nicht, was er verpasst.«

Segeln durch ein Gemälde. Die tief stehende Wintersonne taucht Wolken und Meer in dramatische Farben.

Solange der Tag hell ist, kann man die kleinen Ortschaften gut erkennen, die sich an den Fjorden entlangziehen, eine Stafette einzelner Häuser, meistens aus Holz, immer mit weitem Abstand zum nächsten. Man wundert sich. Denn ein Schlüsselwort zum Verständnis der norwegischen Gesellschaft ist »Dugnad« – Nachbarschaftshilfe: Man arbeitet gemeinsam an etwas. In der Nachbarschaft, bei Umzügen, beim Hüttenbau in den Bergen, bei der Renovierung des Kindergartens. Alle packen mit an. Man ist ein großes Dorf, in dem sich alle duzen, alle an die Regeln halten und alle nur dann zufrieden sind, wenn auch die anderen zufrieden sind. Man ist eine Wir-Gesellschaft. Eine Wir-Gesellschaft jedoch, die beim Wohnen anscheinend den weitestmöglichen Abstand zu den Nachbarn links und rechts sucht. Wie erklärt sich das?

Gerd Schwalenstöcker, der uns auf dieser Fahrt begleitet, lächelt. Er stammt ursprünglich aus Westfalen, hat sich dann aber jahrelang mit einem alten finnischen Schoner überall an den nordeuropäischen Küsten herumgetrieben und ist schließlich in Tromsø hängen geblieben, wo er seit mehr als 30 Jahren lebt, besonderes Interieur herstellt und als Ausstellungsmacher arbeitet; sein Haus steht direkt an einem Fjord, der alte Schoner ist inzwischen versunken und liegt vor der Veranda. »Schau dir ein deutsches Dorf an«, sagt Gerd, »das ist umgeben von Äckern, Feldern und Weiden. Schau dir ein norwegisches Dorf an, es hat die Berge hinter sich und das Meer vor sich, und dazwischen ist ein schmaler Streifen, auf dem Kartoffeln, Karotten, Zwiebeln und Gras für die Tiere wachsen, Schafe, Ziege, eine Kuh. Sie waren Privateigentum, ebenso wie das Land. Je länger also das Stück ist, das man von diesem knappen Streifen fruchtbaren Landes besaß, desto besser die Überlebenschancen. Der Abstand zum Nachbarn war eine Survival-Strategie. Bis das Erdöl floss und das Land reich wurde, war Norwegen nach einem Wort von Hans Magnus Enzensberger ›Sizilien am Polarkreis‹. Die meisten Menschen hier lebten als ›Bauernfischer‹: Im Sommer waren sie Bauern, die aber von ihren Erträgen allein nicht existieren konnten; also waren sie im Winter Fischer und segelten zu den Lofoten.«

Petter Dass, Pastor und Dichter in Nordnorwegen, sagte es vor 300 Jahren so: »Der Fisch im Wasser ist unser Brot / Und fehlt er uns, da leiden wir Not.«

Festessen unter Deck. Aus besonderem Anlass gibt es Lammbraten und Rotwein.

Wetterwechsel im Zeitraffertempo. Noch vor einer Minute war die kleine Insel hinter einem Schneeschauer verborgen. Eine Minute später wird sie vom nächsten Schauer erneut verschluckt sein.

STIEFELSEE

Bis zum Nordfjord auf ungefähr 62 Grad Nord fahren wir in geschütztem Fahrwasser, entweder durch Fjorde oder in einem Seerevier, das zum offenen Atlantik durch vorgelagerte Inseln abgedeckt ist. Diese Route hat zwar Tücken, weil das Fahrwasser manchmal sehr eng ist und der Wind von den hohen Bergen entweder ganz abgehalten oder zu abrupten Richtungswechseln genötigt wird, was zu entsprechenden Segelmanövern zwingt; aber die Fahrt ist alles in allem ungefährlich und ruhig. Jetzt aber liegt ein offenes Seegebiet vor uns, das berüchtigt ist. Wir müssen die Halbinsel Stadlandet mit dem Vestkapp an ihrer Spitze umfahren, den westlichsten Punkt Skandinaviens und als Kap Hoorn Norwegens gefürchtet. Die Küste ist zum Atlantik hin völlig offen, die Felsenwände der Halbinsel fallen ebenso steil in die Tiefe ab, wie sie – 496 Meter hoch – in den Himmel aufragen, und sorgen durch Reflexion für

Ausguck nach Untiefen. Bei ruhigem Wasser sind die flache Schären und Felsen vor Stadlandet gut zu erkennen. Bei Seegang ist die Passage gefährlich.

einen unberechenbaren, steilen Wellengang und schwere Kreuzseen. Als wäre das nicht genug, bilden die vielen Unterwasserfelsen, die bis knapp über die Wasseroberfläche reichen und bei Seegang und Gischt kaum zu erkennen sind, eine weitere Gefahr. Die Passage durch dieses Gebiet gilt als so riskant, dass der norwegische Rettungsdienst für kleinere Schiffe Begleitung anbietet. Seit Jahren wird darüber nachgedacht, die Umrundung des Kaps durch die Sprengung eines zwei Kilometer langen künstlichen Fjords unnötig zu machen. Noch bis ins 20. Jahrhundert wurden kleinere Schiffe zur Vermeidung der gefährlichen Fahrt – »Fitzcarraldo« lässt grüßen – über einen Bergpass auf die nördliche Seite der Halbinsel gezogen, wo sie dann ihre Fahrt in den Rovdefjord fortsetzen konnten.

Wir aber haben Glück, noch immer beherrscht das ausgeprägte Hoch unser Wetter, die Luft ist klar, Himmel und See sind blau, der Wind ist mäßig, die Sicht gut, und wir können die mörderischen Steinklötze im Wasser genau erkennen, die so dicht beieinander liegen, dass die Norweger »Støvelhav« dazu sagen, Stiefelsee, weil es aussieht, als ob man mit guten Stiefeln von einem Felsen zum anderen springen könnte.

Zurück in den Fjorden, bei der Zufahrt auf Ålesund, ist die Luft so still und das Wasser so ruhig, dass wir den Motor abstellen, uns beim letzten Licht treiben lassen und Angeln ausbringen. Es ist eine unwirkliche Stimmung: Wir sind mitten im Winter an der norwegischen Atlantikküste, aber das Schiff bewegt sich kaum, der Abend ist fast lautlos, im glattenWasser spiegeln sich hohe, schneebedeckte Berge, alles um uns herum wirkt wie auf einer Postkarte und ist das genaue Gegenteil von dem, was wir uns in unseren unruhigen Träumen vor der Abfahrt in Deutschland ausgemalt hatten. Frostbeulen, Sturm, Seenot – Fehlanzeige. Bewegung entsteht nur, wenn einer aus der Crew einen Fisch am Haken hat und den um sich schlagenden Seelachs oder trägen Kabeljau aus dem Wasser holt. Das Abendessen, eine kräftige Fischsuppe, ist schnell beisammen, die Crew freut sich, nur Torben mault. Der Bauunternehmer aus Maasbüll mag keinen Fisch. »Was«, wundert sich einer, »du fährst zur See und isst keinen Fisch?« »Ich fahre ja auch Auto und esse keine Igel«, erwidert Torben. Er bekommt dann ein Würstchen aus der Dose.

Süß und salzig. Der Wasserfall bei Namsos ist zu einer eisigen Skulptur gefroren, das Seewasser im benachbarten Brønnøsund offen.

POLARKREIS VORAUS

Acht Uhr morgens. Wachwechsel. Noch immer bestimmt das kräftige Hoch unser Wetter, und morgens überzieht eine feine, aber gemeine Eisschicht die Benutzeroberfläche unseres Schiffs. Wir schliddern herum wie Statisten bei »Holiday on Ice«, verteilen Streusalz auf dem Deck und kratzen den Kompass frei. Beides nützt nicht viel. Kräftiger südöstlicher Wind drischt Wellen gegen den Rumpf, die sich klatschend in Gischtfontänen verwandeln und dann als Sprühregen niedergehen. Überall bilden sich Rutschbahnen und Eiszapfen, auf dem Deck, an den Niedergängen, an Strecktauen, Seereling, Fendern, Ankerspill. Es sieht malerisch aus, aber wer einmal versucht hat, mit gefrorenem Tauwerk einen Palstek zu formen, pfeift auf die Schönheit und flucht über den Frost. Die Dauerkälte hat noch eine weitere unangenehme Folge: Die Teermasse, mit der die Decksplanken verfugt sind, wird hart und brüchig, sie bröselt unter unseren Schritten. Jeden Tag muss das Deck jetzt sorgfältig gefegt und der schwarze Staub beseitigt werden, sonst tragen wir ihn in die Kajüten und schleppen ihn in die Kojen.

Wir sind kurz vor dem 66. Breitengrad. Irgendwo da vorn ist der Polarkreis. Es ist dunkel. Nur ein schlitzartiger schmaler Streifen im Osten verbreitet einen schwachen Lichtschimmer. Hoch oben am Himmel flammt das erste Nordlicht auf, aber vielleicht sollte man besser »glimmt« sagen; es ist noch schwach, eine wolkige, weißlichgrüne Walze am Nachthimmel, die sich dann in eine undeutliche Spiralformation verwandelt. Früher glaubte man, am Himmel spiegelten sich die silbernen Bäuche der Fischschwärme im Wasser.

Vier Stunden Wache, vier Stunden Freiwache, der Rhythmus des Bordlebens. Man zieht das Ölzeug an, starrt in die Dunkelheit, sucht die nächste Tonne, achtet auf Kurs und Karte, verfolgt über AIS, welche Schiffe entgegenkommen oder überholen wollen. Es sind wenige. Dann die Freiwache. Man schläft, liest, spielt Karten; Bernhard bereitet das Essen vor, heute »Spirelli à la Bernàrd« mit scharfer Sahnesauce; Fabian, gelernter Konditor, backt ein Brot, was schon wegen des wunderbaren Duftes, der plötzlich unter Deck den üblichen Mief vertreibt, für allgemeine Freude sorgt. Das Leben an Bord hat seinen eigenen Pulsschlag. Die Zeit vergeht eigentlich nicht, sie ist aufgehoben. Man könnte die Tage an Bord der DAGMAR AAEN ereignisarm nennen. Aber niemand empfindet es so. Vielleicht ist es auch gerade das Fehlen der Ereignisse, die sonst das Leben bestimmen, das zu einer anderen Art von Ereignis wird. Reduktion als Sensation – Segler kennen dieses Gefühl.

Vermeintlich begibt man sich mit einem Segelschiff, zumal im Winter, in Verhältnisse, die ungemütlich und in höchstem Maße unübersichtlich sind; man

Stille Welt. Durch eisige Fjorde und spiegelblankes Wasser führt die Fahrt nach Norden. Man könnte sich auf dem Weg zu H. C. Andersens »Schneekönigin« fühlen.

hängt von lauter Faktoren ab, die man nicht beeinflussen kann und die sich ständig verändern – Wetter, Wind, Kälte, Seegang, Sicht usw. Das Äußere wirkt also gefahrvoll, und man müsste sich folglich bedroht fühlen. Tatsächlich aber empfindet man die Trennung von all den Bedrohungen, die den Alltag an Land umlauern, und die Reduzierung der Probleme auf ein paar elementare Herausforderungen als Befreiung. Steuererklärungen, Staatsverschuldung, Bankenkrisen und ähnliche Wirrnisse erreichen unser Schiff nicht, es ist eine Kapsel der Klarheit: Da gibt es ein Ziel, da gilt ein Kurs, und da geschieht nichts, was nicht dem Zweck dient, den Kurs beizubehalten und das Ziel zu erreichen. Wir erleben eine Apotheose der Einfachheit. Das ist, trotz Eis und Seegang, erholsam. Und man darf unterstellen, dass die Fischer der alten Zeit ähnlich empfunden haben, wenn sie den Schulden beim Dorfkrämer und den Klagen ihrer Frauen einfach davonsegelten.

» *Die Männer standen breitbeinig da, sie kauten ihren Tabak und waren froh und zufrieden. Unter ihnen schaukelt das Boot, über ihnen singt die Takelage, Krämer und Banken können hierher nicht kommen, sie sind wieder auf See, sie sind freie Männer.* «

Wobei es auf unserer Fahrt auch immer wieder Augenblicke gibt, die man auf stille Art als sensationell empfindet. Die Pastelllichtspiele der auf- und untergehenden Sonne beispielsweise; die pathetische Poesie des Nordlichts am Himmel, die das Licht zu einer Art vierter Dimension werden lassen; aber auch ein Adlerpärchen, das wir eines Morgens zuerst hören und dann über uns entdecken. Hier, an dieser

fischreichen Küste gibt es viele Fischadler, auf den kleinen Inseln und Felsen vor Bodø haben sie das weltweit größte Brutgebiet. Die zwei da oben ziehen wunderbare weite Kreise hoch am jungen Himmel, und man zweifelt, dass sie aus ihrer Höhe überhaupt schon Beute erkennen können im Wasser, das noch lichtlos und tiefschwarz ist. Vielleicht sind die großen Vögel aber auch gar nicht auf Fischfang aus, sondern fliegen aus reiner Lust am Fliegen, am Schweben und Kreisen, man beobachtet sie, und das Herz weitet sich. Man möchte jubeln, aber nur nach innen.

Polare Seefahrt. Die Küste wird menschenleer, Eis und Schnee fordern Material und Crew.

Harte Wachen. Die Rudergänger sind dick vermummt, die Mannschaft arbeitet sich warm. Peter schlägt das Eis aus dem Tauwerk.

DAGMAR AAEN

BODØ

19. Januar. Es ist sieben Uhr morgens, als wir in den Hafen von Bodø einlaufen, der letzten Station auf dem norwegischen Festland vor dem Vestfjord und der Inselkette der Lofoten. Es ist dunkel. Leichtes Schneetreiben. Vom 15. Dezember bis zum 29. Dezember geht die Sonne hier überhaupt nicht auf – dann herrscht die polare Nacht. Schemenhaft gleiten einige unbefeuerte Schären in der Finsternis vorbei. Wir haben uns an beides gewöhnt – an die vielen Stunden der Dunkelheit nördlich des Polarkreises und an die frostigen Januartemperaturen. Während der Nacht haben wir den Polarkreis überquert. Auf einer Landspitze der Insel Vikingen steht eine stilisierte Weltkugel, dezent illuminiert und trotz der Finsternis gut zu erkennen.

Bodø wurde 1816 als Gegenpol zum Monopolisten Bergen als Handelsplatz für Fischer gegründet. Fisch war der Lebensnerv des Ortes. Der historische Kern der Stadt fiel den Angriffen der deutschen Luftwaffe am 27. Mai 1940 zum Opfer. Vom Ort blieb kaum etwas stehen. Nach dem Krieg wurde er wieder aufgebaut, allerdings in einer nüchternen, funktionellen Architektur. Der Charme dieses alten Handelsplatzes war unwiederbringlich in Flammen und Rauch aufgegangen. Heute leben wieder etwa 50 000 Menschen in der Stadt, die zugleich Hauptstadt und Verwaltungssitz der Provinz Nordland ist.

Wir sind überrascht, wie viele Boote in der Marina liegen. Es ist anscheinend nicht üblich, die Schiffe für den Winter aus dem Wasser zu nehmen, alle Boxen sind belegt; und später, als es hell geworden ist, sehen wir auch Skipper, die ihre Yachten zum Auslaufen klarmachen. Es ist seltsam: Bei uns in Deutschland kommen Boote und Schwimmstege spätestens Ende Oktober aus dem Wasser, werden eingemottet und verschwinden für Monate unter Planen oder in Abstellhallen, die Häfen fallen in Winterstarre. Hier, fast 1000 Meilen nördlicher und jenseits des Polarkreises, sind die Häfen lebendig, und die Schiffe werden bewegt.

Die Norweger sind ein seefahrendes Volk – das ist bis heute deutlich erkennbar. Sie lassen die überwiegende Zahl ihrer Boote im Wasser. Und sie nutzen sie auch. Über eine Heizung verfügt ohnehin jedes Boot. Warum also nicht im Winter segeln? Es ist Sonnabend, die erste Yacht steuert unter Segeln aus dem Hafen in die Dämmerung hinaus. Einfach so, ein Freizeitvergnügen Ende Januar. Es findet auch kein Norweger sonderbar, dass wir um diese Jahreszeit zu den Lofoten wollen. Ein Schiff – egal wie groß oder klein – hat zu fahren. Auch bei winterlichen Verhältnissen.

Kurze Rast. Die DAGMAR AAEN liegt im Hafen von Bodø, wo auch im Winter reger Betrieb herrscht.

Hol durch! Das Setzen der schweren Gaffelsegel ist harte Arbeit. Mindestens vier Mann müssen ran. Auch die Festmachertaue sind schwer und unhandlich. Zur Belohnung schenkt der Kapitän im Hafen eine Runde Grog ein.

Dabei spielt allerdings auch der Einfluss des Golfstroms eine Rolle, der die winterlichen Verhältnisse im Zaum hält. Trotz seiner Lage auf 67° 17’ Nord beträgt die Mindesttemperatur in Bodø im Januar, dem kältesten Monat, im Durchschnitt nur –4,4 °C. Die Fernheizung aus dem Golf von Mexiko hat hier hinter dem Polarkreis immer noch Kraft genug, die Temperatur des Meeres kaum unter sechs Grad Celsius absinken zu lassen und damit die Kabeljauschwärme aus der null Grad kalten Barentssee zum Laichen nach Westen zu locken.

Und der Fisch wiederum lockt seit Jahrhunderten die Fischer an. Bodø war ihr Sammelplatz, bevor sie den Sprung über den Vestfjord wagten. Der Vestfjord war gewissermaßen die letzte große Hürde, die genommen werden musste, um zu den Fanggründen auf den Lofoten zu kommen. Hinter den Männern lag eine lange, entbehrungsreiche und gefährliche Fahrt – vor ihnen der Vestfjord und der sichere Tod, sofern sie dort in ein Unwetter geraten sollten.

Denn dieser Fjord – eigentlich eher eine große Meeresbucht – ist nach Südwesten hin offen. Und aus Südwesten kommen die Stürme und türmen die Wogen zu ungeahnten Höhen auf. Warmes und kaltes Meerwasser prallt aufeinander und lässt zudem undurchdringliche Nebelbänke entstehen. Stürme entwickeln sich plötzlich und unvermittelt. Die Wellen, steil und tückisch, laufen auf die Küste zu, um kurz darauf an den Klippen und Untiefen zu explodieren. Wehe dem Schiff, das sich von den Felsen nicht freihalten kann.

Mit dem Wissen darum ruhten sich die Männer in Bodø aus, stellten sich mental auf die gefahrvolle Querung ein. Viele von ihnen hatten die Fahrt schon etliche Male hinter sich gebracht. Sie wussten von furchtbaren Schiffbrüchen und Stürmen. Diejenigen, die zum ersten Mal dabei waren, lauschten beeindruckt den Schilderungen von Scheitern und Untergang. Gegen Angst und Langeweile halfen Huren und Schnaps, die Hafenspelunken waren voll,

Schlägereien zwischen rivalisierenden oder einfach nur betrunkenen Bootsmannschaften an der Tagesordnung.

Hunderte Boote lagen damals dicht gedrängt nebeneinander. Die Männer konnten trockenen Fußes von einer Hafenseite zur anderen gelangen. Stürme hielten sie bisweilen tagelang im Hafen fest. Wer würde als Erster den Mut aufbringen, die Segel zu setzen und Richtung Westen zu steuern? Zuverlässige Wetterprognosen gab es nicht. Die Fischer konnten sich nur auf eigene Wetterbeobachtung und ihre Erfahrung verlassen. Es war immer eine Fahrt ins Ungewisse. Da haben wir auf der DAGMAR AAEN es deutlich besser. Wir hören den norwegischen und den britischen Seewetterbericht ab, und beide sind sich einig: Gleich am morgigen Tag sind die Bedingungen für die Überfahrt zu den Lofoten optimal; schon am Tag darauf würden wir es mit einem kräftigen Sturmtief zu tun bekommen. Schneller Beschluss also: Auslaufen morgen früh, sechs Uhr.

» *Bisher ist man immer an der Küste entlanggefahren und hat Landsicht gehabt, morgen aber fährt man quer über das zwölf Meilen breite Meer, morgen geht es über den Vestfjord.*

Und in der Nacht, bevor man aufbricht, spukt es in dem Gemüt des Fischers, so dass er auf seine eigene Weis schläft. Der Vestfjord ist reich an Sagen und Geschichten, einige Meilen von Land hüllt der Nebel die Boote ein, während der Sturm anschwillt, sie können nach Westen abtreiben, immer weiter nach Westen, bis zu dem berüchtigten Moskenæsstrom, wo sie wie in einen Wirbel hineingerissen werden und in der Tiefe verschwinden. Vieles ist Sage, aber heute Nacht spuken alle diese Erzählungen in den Gemütern. Eines jedenfalls wissen alle: auf der wilden Ebene des Vestfjords hat manches Boot den Kiel nach oben gekehrt und manch ein Fischer ist auf dem Kiel geritten, ohne jemals wieder zu Menschen zu kommen. «

Im Winterschlaf. Die Rorbuer-Siedlung im Nussfjord ist beliebt und im Sommer von Touristen überlaufen. Früher standen hier primitive Fischerhütten.

DER VESTFJORD

Das ist auch ein besonderes Erlebnis: an einem Sonntagmorgen im Januar um sieben Uhr früh in einen winterklaren Sternenhimmel hineinzusegeln. Windstärke 4 bis 5, Wellenhöhe zwei Meter, Frühstück unterwegs. In der Mitte des Frühstückstisches steht eine prächtige Schokoladentorte, die Fabian gestern heimlich für Volker gebacken hat, Steuermann und zukünftiger Berufskapitän, dessen 26. Geburtstag wir heute feiern. Zu der Torte bekommt er noch ein T-Shirt in den norwegischen Nationalfarben.

Katzenpfötchen. Man sieht dem Vestfjord an diesem Morgen nicht an, wie schnell er seine Tigerkrallen zeigen kann.

Kurz nach zehn geht die Sonne auf, verharrt knapp über dem Horizont und färbt die Unterseite der Wolken über uns intensiv rot. Die Farbe spiegelt sich im Wasser, und plötzlich segeln wir durch ein unwirklich rotes Meer. Noch verrückter wird die Szenerie, als gegen Mittag aus diesem roten Meer vor uns die Zackenlinie einer gewaltigen weißen Wand aufsteigt – die Kette der Lofoten-Berge, steil aus dem Atlantik aufragend, fast 200 Kilometer lang, 1000 Meter hoch, durchzogen von spitzen Gipfeln, scharfen Graten, Zinnen und Bastionen, eine Skulptur, deren Imposanz den Atem stocken lässt. Die gewaltigsten Naturkräfte waren an der Gestaltung dieser Kette von mehr als 2000 Inseln beteiligt – der Eruptivdruck des Magmas im Erdinneren, die kilometerdicke Gletscherwalze der Eiszeiten sowie die Erosionskräfte von Wasser, Wind und Wellen. Sie formten eine Titanen-Welt aus Gipfeln und Ozean, als seien die Alpentäler geflutet worden und nur noch die Berggipfel ragten aus dem Meer.

Happy Birthday! Volker hat Geburtstag, die Crew weckt ihn mit einem Ständchen und einer selbst gebackenen Torte.

» Lars starrte noch immer geradeaus. Sie kamen näher und immer näher heran. Das war der Lofot, von dem er so viel gehört hatte, seit er ein kleiner Wicht war. Ein Land im Eismeer, von dem alle Knaben an der Küste träumten und nach dem sie sich sehnten. Dort wurden Heldentaten verübt. Dort erlangte man Reichtum, dort fuhr man mit dem Tode um die Wette. Eine Völkerwanderung war viele Jahrhunderte hindurch dort hinaufgezogen, und manch einer war auf der See umgekommen, einige kamen mit blanker Münze heim, aber die meisten blieben ihr Leben lang in Armut. Und dennoch – hierher gingen sie immer wieder, Jahr für Jahr, eine Generation nach der andern. Das war das Abenteuer. Hierher mussten sie. Und jetzt war auch an ihn die Reihe gekommen. Jetzt sah er den Lofot. «

Unter Vollzeug segeln wir in nordwestliche Richtung, den Lofoten entgegen. Es ist ein schöner Wintertag. Eine lange Dünung läuft in den Vestfjord hinein. Keine Sturzseen, kein Sturmwind, der sich erhebt. Stattdessen ein Himmel, den man nicht fotografieren sollte, sondern malen. Am besten mit einem Set weicher Pastellkreiden, in dem es viele Abstufungen von Rot, Orange und Gelb gibt. Die Sonne zieht ihre Bahn flach über den südlichen Himmel, den jetzt erste Wolkenfetzen streifen, sichere Vorboten eines Wetterumschwungs. Aber noch ist das Wetter stabil. Die Sonne nähert sich nach wenigen Stunden wieder dem Horizont, aber es dauert unendlich lange, bis sie vollständig erlischt und es dunkel wird. Jeden Tag bleibt sie jetzt acht Minuten länger am Himmel. Verborgen hinter dem Horizont, schenkt sie uns eine lang währende Dämmerungsphase und ein Licht, das es nur im Norden gibt, farbintensiv, fast kitschig, unwirklich schön. Langsam, mit vier Knoten, segeln wir gemächlich über den Fjord, den Lofoten und der Nacht entgegen. Die Positionslichter werden angeschaltet, ein Leuchtfeuer blitzt weit vor uns auf, weist dem Rudergänger den Weg. Kälte gräbt sich durch die Sohlen unserer Stiefel, in den Handschuhen werden die Hände zu Fäusten geballt, um sie zu wärmen, der Atem bläst Kondenswolken in die Luft. Es ist eiskaltes, aber noch immer berauschendes Segeln. Der Vestfjord lässt die Krallen eingezogen, zeigt heute samtweich anmutende Katzenpfötchen und lässt nichts davon spüren, wie schnell er sich in ein wildes Raubtier verwandeln kann, das erbarmungslos zuschlägt.

Wie am 11. Februar 1849, als das Wetter plötzlich umschlug, in rasender Geschwindigkeit ein Nordweststurm mit Orkanböen über den Fjord hereinbrach und den Booten auf den Fischgründen keine Chance ließ. 500 Männer fanden an diesem Tag den Tod, Tausende an Land verloren Mann, Vater, Sohn, Bruder, Freund. Am 31. März 1868 ertranken 100 Fischer im Sturm. 1893 blieben 119 Männer auf See. Die Liste kann lange fortgesetzt werden. Der sanfte Fjord, auf dem wir segeln, mit seinen weichen Farben und seinem milden Licht, ist auch ein Massenmörder.

Aber hatte er nicht ebenbürtige Gegner? Fischer, die ihn Jahr für Jahr wieder befuhren und ganz genau kannten, jedes Wetter, jede Klippe, jede Gemeinheit? Woran lag es, wenn sie trotzdem zu Hunderten umkamen? Taugten ihre Boote nichts?

Im Gegenteil. Die Boote waren genial, geformt aus 1000 Jahren Erfahrung im Umgang mit Meer und Wind. Sie waren verschieden in Größe, Form und Details, gingen aber alle auf die alte Form der seetüchtigen und schnellen Wikinger-

boote zurück. Im Laufe der Jahrhunderte waren sie weiterentwickelt worden und hatten regionale Eigenheiten angenommen; die einen waren etwas breiter und behäbiger, dafür formstabiler; die anderen schlanker und schneller, dafür ranker. Allen gemeinsam ist der geklinkerte Rumpf und der steil aufragende Steven. Es waren einmastige, offene Boote mit einem großen Vierkant-Rahsegel, die aber beim Fischen auch gerudert werden konnten. Während der langen Anreise zu den Fanggründen führten die Boote zusätzlich zu dem trapezförmigen großen Rahsegel häufig ein kleineres Topsegel. Ein 16 Meter langes und knapp vier Meter breites Staværinger-Boot trug auf solchen Reisen 70 Quadratmeter Segelfläche. Der Schiffsführer stand bei Wind und Wetter unerschütterlich an der Pinne oder am »Styrvolt«, einer Art Stange, die in einem Joch am Steuerkopf saß, mit der das Boot gesteuert wurde. Den Blick fest auf die schneebedeckten Gipfel der Lofotwand gerichtet, hielten sie dort stundenlang aus, hochkonzentriert, und hielten mit stoischer Ruhe Kurs.

Mit ihrem geringen Tiefgang und ihrer schnittigen Form boten die Staværinger- und die noch schlankeren Norlands-Boote dem Wasser wenig Widerstand und flogen förmlich über die schäumende See. Sie waren schnell – aber verwundbar. Denn sie waren offen, und Brecher fanden ungehindert ihren Weg ins Bootsinnere. Dann wurden alle Männer gebraucht. Mit Eimern schöpften sie buchstäblich um ihr Leben. Das Wasser, das sich in einer Sturzsee ins Boot ergossen hatte, musste schleunigst wieder außenbords gebracht werden. Höchste Eile war geboten, bevor die nächste und die übernächste See das Boot bis zum Rand vollzuschlagen drohte. Das Wasser schwappte hin und her, machte die Bewegung des Bootes träge und unberechenbar. Jeden Augenblick konnte es instabil werden und kentern. Da galt: Ein Mann mit Angst und Pütz ist die beste Lenzpumpe. Immer und immer wieder senkten sich die Eimer ins Wasser und beförderten es nach außenbords. Manchmal stundenlang. Gischt peitschte den Männern ins Gesicht, Wellen warfen sie umher, Eis bildete sich in ihren Bärten. Trotz der Kälte schwitzten sie und schöpften und schöpften.

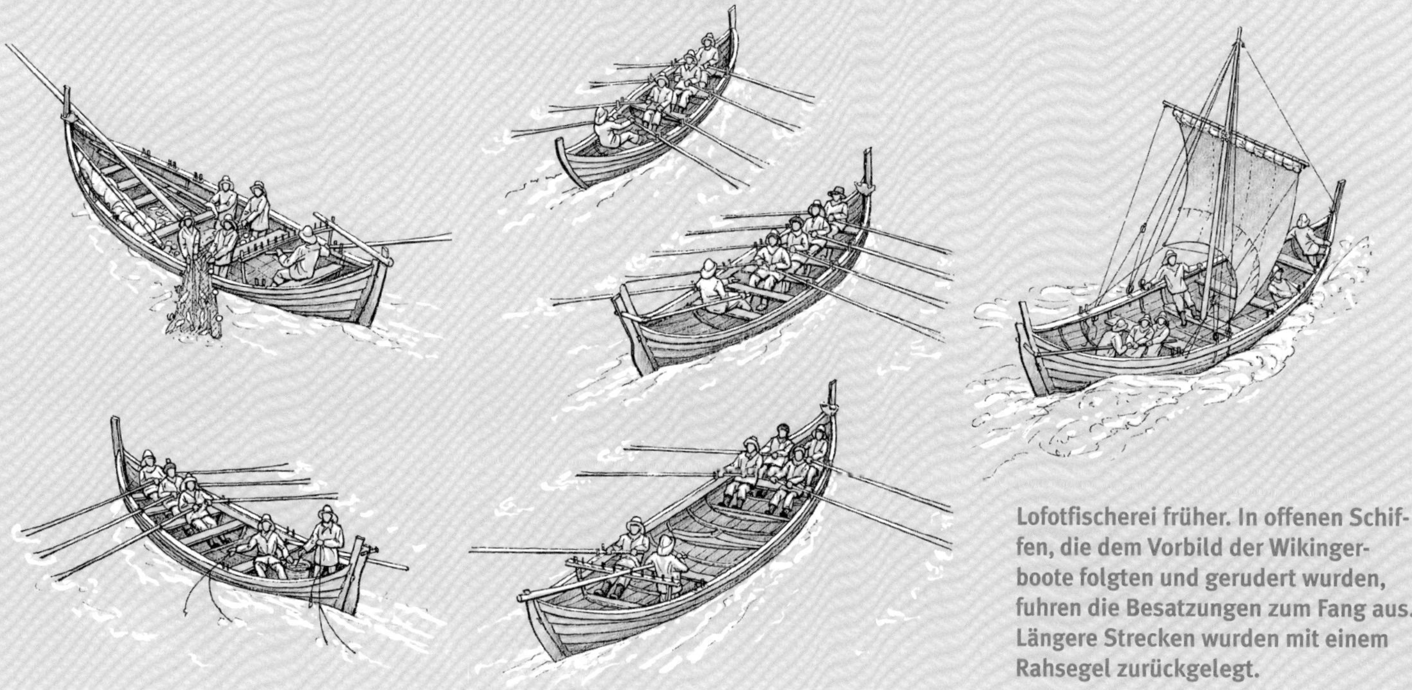

Lofotfischerei früher. In offenen Schiffen, die dem Vorbild der Wikingerboote folgten und gerudert wurden, fuhren die Besatzungen zum Fang aus. Längere Strecken wurden mit einem Rahsegel zurückgelegt.

» Lars stand im Vorderschiff mit den andern beiden und schöpfte und schöpfte, während die Seen über das Boot schlugen, dass der Schaum ihnen hoch über den Kopf sprühte. Er blickte einen Augenblick auf, – und sah kein Land mehr, der Himmel war nebelig und das Meer lauter rollende, grüne Berge mit Schaumköpfen. Und jetzt auf einmal war das Meer so groß und das Boot so klein. Kopfüber stürzten sie in ein Wellental hinein, Finsternis umgab sie, sie erklommen einen neuen Berg, und es wurde langsam heller, dann ritten sie eine Weile auf dem Wellenrücken, der sie ein Stück mitnahm, wurden dann aber von neuem in ein Tal hineingeworfen, und jedes Mal durchlief ein eisiger Schauder den ganzen Körper. Kommen wir jemals wieder hinauf?

Da – ganz unvermittelt – ließ der Wind nach, und mitten auf dem Vestfjord kam eine Flaute. Aber bald darauf wurde es im Westen finster, ein neuer Wind kam, der Westwind. Der Nebel lichtete sich, der Himmel klärte sich auf, es wurde sehr kalt.

Die Männer waren durchnässt von Meerwasser und schwitzten vom Schöpfen, jetzt mussten sie stillstehen im Frost und konnten nichts dagegen tun, dass das Wasser auf den Kleidern gefror und der Schweiß auf dem nackten Körper eiskalt wurde, sie fuhren und sie klapperten mit den Zähnen, sie sprangen von einem Fuß auf den andern, tanzten umher, zitterten und schlugen die Arme um den Leib, halbnärrisch von der eisigen Kälte, die alle Glieder durchrieselte. «

Es ist schon lange wieder dunkel, als die DAGMAR AAEN die Lofoten-Küste erreicht und sich ein kleines Stück nach Nordosten tastet. Der Wind beginnt, kräftig aufzufrischen, wir bergen die Segel, starten den schweren Schiffsdiesel und navigieren vorsichtig an den vielen vorgelagerten Schären vorbei, gut geleitet von beleuchteten Tonnen, dann sehen wir die Ansteuerung von Henningsvær, einem der klassischen Fischerplätze der Inseln, wo auch die Fahrt der ROBBE im Roman von Johan Bojer endet, und halten auf die Hafeneinfahrt zu.

Im Hafen von Henningsvær, nach dem Festmachen an der Pier, schmeckt, das Bier diesmal besonders gut. Wir sind nach 23 Tagen und 1300 Meilen auf den Lofoten. Alle Bekannten angekommen. Alles wohl. Prost.

» Später am Abend lief die ›Robbe‹ durch einen Sund mit roten und grünen Lichtern an den Seiten, und da drinnen lag der Fischerplatz, Licht an Licht aus Häusern und auf den Brücken an Land, von Kajüten und Masten im Hafen. Das schwarze Wasser war von Lichtstreifen übergossen, und ein strenger Geruch von Tran, Teer und Fischen schlug einem entgegen.

Kristaver begab sich sofort nach dem Telegraphenamt und schrieb hier mit den aufgeschwollenen Händen mühselig das Telegramm, das in jedem Jahr gleich lautete, und auf das Frau und Kinder in den grauen Hütten dort im Süden warteten. ›Alle Bekannten angekommen. Alles wohl. Kristaver.‹ «

COLD BUT NICE

Zeitsprung. Blick durchs Fenster in die Werkstatt von Gunnar Eldjarn.

Gunnar Eldjard ist ein freundlicher Mann mit kurzem, grauen Vollbart, ruhigen, überlegten Bewegungen und einer Ausstrahlung zufriedener Gelassenheit, wie man sie oft an Menschen beobachtet, die mit Holz arbeiten und daraus schöne Gegenstände herstellen. Gunnar ist Bootsbauer, Lehrer für Bootsbau und Verfasser eines wunderbaren zweibändigen Werkes über die traditionellen hölzernen Boote Norwegens.

Er steht in der Werkstatt, gleich neben seinem Wohnhaus an einem Fjord in der Nähe Tromsøs, arbeitet an der Restaurierung eines sechs Meter langen, geklinkerten Ruderbootes aus Kiefer und lobt die Kunst der alten Meister. »Dieses Boot ist perfekt«, sagt er, »es wiegt wenig, lässt sich mühelos rudern, viele Stunden lang; es erreicht leicht viereinhalb Knoten Geschwindigkeit und bietet optimalen Schutz in den Wellen.« In Booten wie diesem waren die Fischer in den Küstengewässern früher manchmal tagelang unterwegs.

Vor ein paar Jahren hat Gunnar Eldjard ein Experiment gemacht. Er ist mit Freunden auf dem 45 Fuß langen Nachbau eines offenen Norlands-Bootes unter Originalbedingungen im Januar von Tromsø zu den Lofoten gesegelt, um dort zu fischen. Wie in den alten Zeiten hatten sie achtern eine kleine Hütte aufgebaut, wo der Herd stand und fünf Leute nachts schlafen konnten; aber sie waren zu zehnt an Bord, die anderen fünf schliefen unter dem Segel. »It was cold but nice«, sagt Gunnar. Es gab keine Winsch an Bord, alles musste mit Muskelkraft bewegt werden, was bei minus 16 Grad Celsius durchaus willkommen war. Sie hatten ein 40 Quadratmeter großes, rechteckiges Segel am Mast und erreichten vor dem Wind gut vier Knoten Geschwindigkeit, manchmal auch mehr. Aber natürlich kann man mit einem solchen Segel nicht hoch an den Wind gehen, und auch das Kreuzen fällt meistens flach.

Auf den Lofoten haben sie dann Mast und Segel abgebaut und das Boot zu den Fischgründen gerudert – es wog fünf Tonnen, sechs Ruderer hatten gut zu tun. »Aber die Seetüchtigkeit ist hervorragend«, urteilt Gunnar. Ist ihm nichts aufgefallen, was er als erfahrener Bootsbauer verbessern würde? Er schüttelt nachdrücklich den Kopf. Man müsse bedenken: Es waren keine reinen Segelboote, es waren keine reinen Ruderboote, es waren Boote, die hauptsächlich zum Fischfang dienten. Und die Aufgabe, verschiedene Zwecke zu vereinen, erfüllten sie hervorragend.

Die Gefahren für die Fischer gingen nicht von den Booten aus, meint Gunnar Eldjard, sondern von der Dunkelheit. Sie waren ja meistens von sechs Uhr morgens bis sechs Uhr abends auf dem Meer, hatten vielleicht vier Stunden Licht und konnten während der übrigen Zeit nicht erkennen, wie sich Wind und Wolken veränderten, welche Vorzeichen einen Wetterumschwung oder Sturm am Himmel ankündigten. Und wenn sie den Wetterumschwung oder den einsetzenden Sturm spürten, war es oft schon zu spät, um mit den schweren Booten noch den Hafen zu erreichen.

So sieht eine Werkstatt aus, in der die traditionellen Nordlandboote nachgebaut werden. Gunnar Eldjarn ist ein Experte auf diesem Gebiet und hat mehrere Bücher darüber publiziert. Das Boot, an der er gerade arbeitet, ist ca. 6 Meter lang und fast 60 Jahre alt

EINGEWEHT IN HENNINGSVÆR

Henningsvær ist ein Fischerdorf, das auf zwei kleinen Inseln vor der Südspitze der großen Lofoten-Insel Austvågøya liegt und mit seinen bunten Holzhäusern ein langes geschütztes Hafenbecken umschließt. Der Ort gilt als malerisch und ist im Sommer ein beliebtes Touristenziel. Doch jetzt ist Winter, und die Andenkenläden sind geschlossen. Trotzdem hätten wir hier in zwei bis drei Wochen keine Chance, einen Liegeplatz zu bekommen. Dann wird der Hafen nachts voller großer und kleiner Fischtrawler sein, die tagsüber auf dem Vestfjord Kabeljau jagen. Doch noch sind die Fischschwärme unterwegs auf ihrer langen Wanderung von der Barentssee, die ersten sind auf der Nordseite der Lofoten-Inseln weit im Osten angekommen, und dort befindet sich jetzt auch die Fischerflotte.

An Weiterfahrt ist für uns nicht zu denken, wir lernen den Schutz des Hafens von Henningsvær schnell zu schätzen. Kaum haben wir festgemacht, dreht der Wind auf Südwest und erreicht im Handumdrehen 7 bis 8 Beaufort, was im Lofoten-Winter guter Durchschnitt ist. »Husvarver«, Hauserschütterer, nennen sie hier diesen Sturm, der zwischen Oktober und April alltäglich ist und genau aus der Richtung bläst, in die wir müssten, wenn wir die Küste entlang und nach Værøy segeln wollen. Also bleiben wir in dem hübschen Hafen, den wir jetzt nur mit ein paar Tagesfischern teilen.

Es ist ein ziemlich gutes Gefühl, nicht auf See zu sein. Der heulende Wind treibt Schnee vor sich her, manchmal so dicht, dass man die andere Seite des Hafens nicht sehen kann. Um neun Uhr morgens wird es hell, um zehn wieder dunkel. Panzerkreuzergraue Wolken schlucken jedes Licht und schütten die nächste Schneepackung über dem Ort aus. Schnee, Schnee, Schnee. Die Kinder schieben jetzt ihre Ranzen auf Nansen-Schlitten zur Schule, später schieben die Hausfrauen ihre Schlitten zum Laden von »Leif Johansen & Co«, wo es Butter, Brötchen, Socken, Zeitungen, Angelbedarf und elf Sorten eingelegten Hering gibt, wo im Vorraum kostenloser Kaffee steht und ein paar beschäftigungslose Fischer die Zeit totschlagen. Die anderen Geschäfte sind fast alle geschlossen, auch das »Lofoten Arctic Hotel«, das Café, das Fischrestaurant. Eine Kneipe gibt es nicht. Kurz nach 14 Uhr ist Sonnenuntergang, dann werden auch die Möwen still, die tagsüber in kreischenden Rudeln flach über dem Hafen kreisen. Das ist die Zeit, in der Henningsvær noch tiefer in Schnee und Lautlosigkeit versinkt. Nur ein letztes Auto ist noch zu hören, das langsam die Hauptstraße entlangschleicht, das scharfe Zischen von zwei Skiern im Schnee, ein bellender Hund, der wieder ins Warme möchte. Dann faucht die nächste Sturmbö zwischen die Häuser und lässt weiße Wolken stieben.

Schnee, Schnee, Schnee. In Kabelvåg biegen sich die Bäume unter der weißen Last. Auf der DAGMAR AAEN heißt es schippen, schippen, schippen.

Fischkopp on the rocks. Kabeljau-Köpfe trocknen unter den idealen Bedingungen des Lofoten-Klimas. Sie bleiben drei bis vier Monate an den Gestellen hängen und verbreiten einen charaktervollen Duft.

Kopfgeld. Für fünf Cent pro Stück werden die getrockneten Köpfe nach Afrika exportiert, wo sie die Grundlage für eine nahrhafte Fischsuppe bilden.

Das Schiff liegt im Hafen wie eingefroren im Eis. Unter Deck bullern die beiden Kanonenöfen vorn und mitschiffs, die Crew liest, spielt Karten, döst, schippt Schnee. Allmählich gehen die Witze aus, trotz Torben, der eigentlich immer noch einen weiß. Torben und Volker fahren in einer Sturmpause mit dem Dingi vor die Hafeneinfahrt und versuchen zu angeln. Erfolglos. Wir haben jetzt viel Zeit zum Kochen, es gibt Linsensuppe süß-sauer, Hähnchencurry mit Reis, selbst gemachte Pizza. Das Essen und das Zusammensitzen danach sind die Highlights des Tages.

Trotz Sturm und Schnee nutzen wir die hellen Stunden des Tages zur Erkundung der Küste. Ein paar Meilen nordöstlich von Henningsvær liegt Kabelvåg, eine hübsche Kleinstadt mit lebhaftem Marktplatz und der »Lofoten-Kathedrale«, einem 115 Jahre alten hölzernen Gotteshaus mit 1200 Sitzplätzen. In den Buchten westlich des Ortes haben Archäologen die Siedlungsspuren des alten Vágar entdeckt, des ältesten Handelsplatzes und der ersten städtischen Siedlung nördlich des Polarkreises.

» *Mehrere Tage zwang der Sturm die Fischer an Land zu bleiben. Und wenn der Küstendampfer auf seiner Fahrt an der Lofotwand entlang einlief, brachte er Nachrichten von gekenterten Schiffen, die auf dem Meere trieben.*

Man bekommt es satt, am Tage zu schlafen, auch wenn man nichts zu tun hat. Man mag nicht mehr immer mit denselben Menschen reden, mit denen man in einer Hütte zusammengepfercht ist. Man hat nicht mehr viel zu sagen, man kennt sich ja schon auswendig, man könnte ja noch dies und jenes reden, aber die Antwort weiß man ja schon im voraus. Man sagt etwas über das Wetter, dasselbe Wetter wie gestern, und etwas anderes ist heute nicht darüber zu sagen. «

Hier verstand man sich wahrscheinlich schon in der Steinzeit auf die Kunst, Fisch durch Trocknung zu konservieren. Ab dem 11. Jahrhundert wurde Trockenfisch per Schiff nach Süden transportiert. Im 13. und 14. Jahrhundert stieg dieser Export infolge der größeren Nachfrage und verbesserten Vermarktung durch die Hanse rasant an und sorgte für die ebenso schwungvolle Entwicklung der Stadt Bergen. In Vágar sollen im 12. Jahrhundert auf Geheiß von König Øystein auch die ersten »Rorbuer« entstanden sein, einfache Hütten, die den angereisten Fischern für die Fangsaison Unterkunft boten. Man kann das zusammengesetzte Wort am besten mit »Ruderer-Bude« übersetzen, und die Originalbauten im Lofoten-Museum Kabelvåg aus dem Jahre 1797 sind mit dieser Bezeichnung auch sehr zutreffend beschrieben: Mit den schicken Stelzenhäusern, die heute als Rorbuer an Touristen vermietet werden, haben sie außer dem Namen herzlich wenig gemein: Es waren erbärmliche Holzhütten mit Grasdach, die innen über einen Vorraum für Netze, Riemen, Tauwerk und Vorräte verfügten und dahinter über einen dämmrigen Hauptraum, der Küche, Aufenthaltsraum und Schlafraum zugleich war; man muss ihn sich wohl noch voller vorstellen als die Kajüte der DAGMAR AAEN und ganz sicher stickiger – zwölf Männer teilten sich sechs Kojen, auf dem Herd kochten Kartoffeln und Fisch, überall trockneten nasse Klamotten, und Pfeife geraucht wurde auch noch.

» *Schnee stiebte ins Haus, als sie endlich die Tür öffnen konnten, und der erste Raum war leer, denn hier sollten Mehlsäcke, Tonnen, Vorratskisten und Netze aufgestapelt werden. Aber als sie im nächsten Raum ein Streichholz angezündet hatten, sahen sie auch hier Schnee, der hereingeschneit war, auf dem Fußboden wie auch auf den Pritschen an der Wand. Ein kleines Fenster nach dem Sund zu war ganz blind vom Seewetter draußen und von Spinngeweben innen, der Fußboden war schwarz, es roch hier nach Fischen, nach Fellen, nach Moder. In diesem Raum sollten die beiden Besatzungen, zwölf Mann im Ganzen, den Winter über hausen.*

Während die anderen Vorratskisten und Decken vom Boot hereinschleppten, holte Henrik Wasser, spülte Kessel und Topf aus und fegte den Schnee vom Fußboden und Pritschen. Als die Männer nachher hereinkamen, begannen bald Bart und Haar zu tropfen, weil das Eis in der Ofenwärme schmolz. Nun warfen sie die Ölröcke ab und tauten die gefrorenen Stiefel am Ofen auf. Es dauerte seine Zeit, ehe sie weich genug wurden, dass man sie ausziehen konnte. «

Vágar war die Wiege der Lofoten-Fischerei, und vermutlich hing das mit dem fast 1000 Meter hohen Vågakallen zusammen, einer monumentalen Bergpyramide, die hier die Küste überragt und als mächtige Landmarke weithin Orientierung bot. Ein Vogt Schönneböl notierte im Jahre 1591 in seinem Bericht über die Lofoten: »Auf demselben Land liegt ein sehr großer, hoher Berg, und gar viele, die diesen Berg gesehen haben, sagen und meinen, dass es keinen höheren Berg in ganz Norwegen gäbe, weil man diesen Berg noch zwölf Seestrecken [entspricht 100 Seemeilen] weit draußen auf dem Meer sehen kann, und die Fischer brauchen ihn als Landmarke für ihre Fischgründe, das sind die Plätze draußen auf dem Meer, wo sie am Fischen sind. Sie haben Markierungen und Zeichnungen auf diesem Berg, um zu wissen, wann sie den Plätzen, wo der Fisch steht, nah sind und wann weit davon entfernt. […] Zwischen diesen beiden Dörfern, Skrogen und Voge, steht zuweilen der Fisch so zahlreich, der eine über dem anderen, dass ein Eisenstein, der gut 6 ½ Pfund auf die Waage bringt, an eine Schnur gebunden nicht auf den Grund kommt, so dicht stehen die Fische. Der Stein bleibt auf ihrem Rücken liegen und sinkt nicht weiter ab, wie groß und schwer er auch sein mag.«

Vágar, der fischreiche und florierende Ort, liegt gut geschützt, besaß aber keinen Hafen; die Boote wurden auf einen 500 Meter langen Strand gezogen. Als die Schiffe größer und Kaianlagen für sie notwendig wurden, verlagerte sich die Siedlung in die Bucht des heutigen Kabelvåg. Und als dessen kleiner Hafen nicht mehr ausreichte, weil die Trawler noch größer wurden, zogen Fischerei und Handel noch ein Stück weiter Richtung Nordosten, nach Svolvær, dem heutigen Hauptort der Lofoten. So prägte der Kabeljau sogar die Siedlungsgeschichte der Inseln. Nur der Våkallen blieb ein großer Berg, wurde als Landmarke aber durch Radar, GPS und Fishfinder arbeitslos.

SKREI, DER WANDERER

Morgens ist plötzlich ein neuer Geruch in der Luft, fischig, streng und scharf, beinahe beißend. Er ist so etwas wie eine olfaktorische Fanfare – ein untrügliches Signal: Der Skrei ist da, die Saison hat begonnen. Mitten in Henningsvær hält ein großer Truck und entlädt Plastikcontainer voller schenkellanger Fische, geschlachtet, ausgenommen und kopflos. Ein Gabelstapler bringt die Behälter auf einen Hügel oberhalb der Schule, wo mächtige Holzgerüste stehen und die Fischleiber jetzt paarweise zum Trocknen aufgehängt werden: Kabeljau – auf dem Weg zum Stockfisch. Der Fisch mit der Lizenz zum Stinken. Bis zum 12. Juni, dem traditionellen »Abhängetag«, werden die Fische jetzt an der Luft dörren, dabei mehr als 80 Prozent ihres Gewichtes verlieren und ganz Henningsvær unter eine Duftglocke setzen, die einem das Gefühl gibt, schon durch schieres Einatmen Omega-3-Fettsäure-gesättigt zu sein.

Dass gerade hier auf den Lofoten ganze Quadratkilometer von Trockengerüsten bedeckt sind und weltweit die größte Stockfisch-Produktion stattfindet, hat drei einfache Gründe: die Luft, den Fisch und das Zusammentreffen beider. Die Luft nämlich darf nicht zu trocken, aber auch nicht zu feucht sein und die Temperatur weder zu hoch noch zu niedrig. Ist die Luft zu trocken, trocknet der Fisch zu schnell, was schlecht für die Qualität ist, ist sie zu feucht, vergammelt

Fuchs unter Fischen. Im Meeresaquarium von Ålesund macht sich der Skipper der DAGMAR AAEN vertraut mit den Tieren, denen seit Jahrhunderten der Goldrausch an Norwegens Küste gilt.

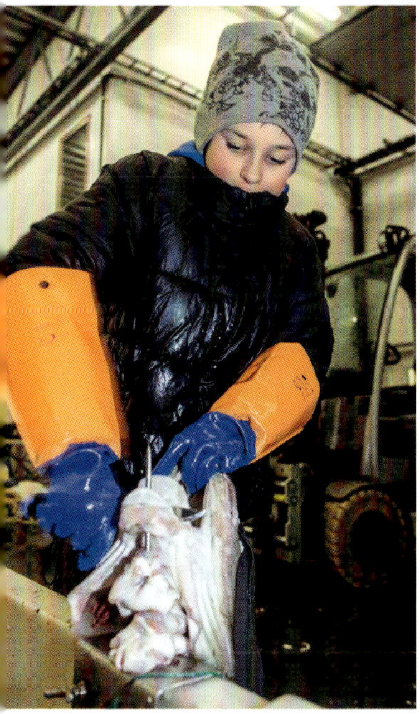

er; ist die Temperatur zu hoch, wird der Fisch von Würmern und Fliegen verdorben, ist sie zu niedrig, gefriert er. Und für die optimale Trocknung muss auch noch der richtige Wind wehen, am besten einer mit ozeanischen Salzanteilen. Alle diese Bedingungen treffen auf den Lofoten – und nur dort – auf das Wunderbarste zusammen. Deswegen ist Stockfisch von den Lofoten so etwas wie Emmentaler aus dem Emmental – das Original.

Und mitten hinein in diese optimalen Verhältnisse schwimmt der ideale Fisch: der Skrei, ein Meeresbewohner mit Migrationshintergrund. In seinem Namen steckt die gleiche Sprachwurzel wie im deutschen Wort »schreiten«, man übersetzt ihn mit »der Wanderer«. Kabeljau gibt es nämlich an allen Küsten des Nordatlantiks und seiner Nebenmeere, in Deutschland am bekanntesten ist der Dorsch der Ostsee. Die meisten dieser Populationen aber unternehmen nur kleinere Wanderungen zwischen ihren Fress-, Laich- und Überwinterungsgründen. Doch der Skrei ist anders und einzigartig, ein Kabeljau mit besonderer Wanderlust und von besonderer Güte.

Er hat seine Heimat in der Barentssee, jagt dort Lodden und andere Kleinfische, ernährt sich aber auch von Krebsen und Weichtieren. Das Nordpolarmeer, in dem dieser größte Kabeljaubestand der Welt lebt, ist reich an Biomasse, aber kalt. Deswegen wächst Skrei sehr langsam, jedes Jahr nur ein paar Zentimeter. Erst mit fünf bis acht Jahren werden die Tiere geschlechtsreif. Sie sind dann 70 bis 90 Zentimeter lang und drei bis acht Kilo schwer. Jetzt, wenn sie sich fortpflanzen können, erwacht in ihnen der Instinkt, Richtung Südwesten zu schwimmen und eine rund 1000 Kilometer lange Wanderung zu ihren Laichgründen anzutreten, die bei den Lofoten im warmen Wasser des Golfstroms endet. Hier finden sie ideale Bedingungen: die perfekte Temperatur des Meeres (4 bis 6 °C), das richtige Verhältnis zwischen atlantischem Salzwasser und dem Süßwasser aus den Flussmündungen, gute Wassertiefe, passend starke Strömung und genügend Nahrung für die Brut, unter anderem viele Larven von Krebstieren. Ein Kabeljauweibchen von fünf Kilo Gewicht laicht etwa 2,5 Millionen Eier ab, bei größeren Tieren können es auch fünf Millionen Eier sein, die dann mit der Strömung nach Nordosten verdriften.

Es sind das langsame Wachstum und die lange Wanderung, die das weiße Fleisch dieses Kabeljaus unvergleichlich machen, fest, zart, mager und aromatisch. Zudem enthält die Leber des Fisches unter allen Nahrungsmitteln den höchsten Gehalt an lebensnotwendigem Vitamin D, das eigentlich durch UV-Bestrahlung der Haut im menschlichen Körper selbst gebildet wird, aber in den sonnenarmen nördlichen Breiten auf andere Weise aufgenommen werden muss, wenn nicht Grippe, Knochenerkrankungen und Rachitis drohen sollen. Lebertran, gewonnen aus Kabeljauleber, war deswegen schon das universelle Vorbeugungs- und Heilmittel für unsere Großmütter und Großväter – und ein Exportschlager Norwegens.

Der Skrei, der jetzt morgens in Henningsvær ausgeladen und zum Trocknen aufgehängt wird, kommt aus einem der Häfen auf der anderen, nördlichen Seite der Inselkette, zum Beispiel dem großen von Myre, wo Hunderte Trawler aller Größen dem Wanderfisch nachstellen, oder von einem der kleinen Fischerplätze

Fang ohne Beifang. Der geangelte Kabeljau landet geschlachtet unter Deck, der Seelachs wieder lebend in den Wellen. Die herausgeschnittenen Skrei-Zungen gelten als Delikatesse.

Ungewisse Zukunft. Arved Fuchs unterhält sich mit einem jungen Fischer über steigende Bestände und sinkende Preise. Der ökologische Segen wird von einigen Fischern als ökonomischer Fluch empfunden.

wie Hovden, wo kaum mehr als zwei Dutzend Häuser ohne Einkaufsladen, aber mit Friedhof zwischen hohen Bergen und schwarzen Klippen verstreut sind und nur eine Handvoll Schiffe vor dem Verarbeitungsgebäude der »Hovden Fiskeindustri A/S« an einer schmalen Pier liegt.

Die PIRAYA gehört zu ihnen, der knapp elf Meter lange blaue Trawler von Roy Korneliussen, 58 Jahre alt, zehn Jahre jünger aussehend, drahtige Figur, kurze graue lockige Haare; ein Tänzer, der mit eleganten Sätzen zwischen Steuerstand, Motorraum und seiner Jigging-Maschine hin und her springt, während sein Schiff sich im Seegang wiegt. Das ist nett formuliert, denn eigentlich schaukelt und taumelt die PIRAYA erbärmlich in den hohen Wellen. Der Himmel ist grau und schraffiert von Schneeregen, der Wind beißend und der Seegang hoch. An Steuerbord sieht man nichts außer ein paar nackten Felsen, an Backbord sieht man gleich überhaupt gar nichts, der nächste feste Boden in dieser Richtung ist Nordgrönland, und die PIRAYA wirkt wie ein Arbeitsplatz für jemand, der Vater und Mutter erschlagen hat. Roy jedoch turnt unbeeindruckt über sein Schiff, lacht, pfeift und erzählt davon, wie gern er Fischer ist. Besonders jetzt während der Skrei-Saison; der Kabeljau zieht nämlich dicht unter Land vorbei, da muss er nicht so weit hinausfahren wie für Heilbutt, kann seinen Fang nachmittags abliefern und nachts bei seiner Frau schlafen, die im Nachbardorf auf ihn wartet. Aber auch sonst liebt er das Leben als Fischer. »Ich bin frei«, sagt er, »führe ein freies Leben, kann selbst entscheiden, wann ich rausfahre, wie lange, wie oft.« Die Fischerei sei zwar weniger bequem als seine frühere Arbeit in der Fabrik, aber besser. Seit 36 Jahren ist er jetzt freier Fischer, seinen jüngsten Trawler hat er letztes Jahr für 300 000 Euro gekauft, ein Schmuckstück, das er pflegt und blitzblank hält, auch unter Deck ist alles aufgeräumt und proper.

Roy fischt allein. Das ist gefährlich, er weiß es. Man rutscht leicht aus auf dem glitschigen Deck, schliddert, geht über Bord. Meistens leint er sich deswegen an, Emme zuliebe, der elfjährigen Enkelin, die an ihm hängt. Sie ist die Tochter seiner Tochter, die Einzige, die noch in seiner Nähe wohnt; die beiden Söhne sind weit weg.

Kabeljau, der mit Köder und Haken gefangen wird, hat eine bessere Qualität als mit Netzen gefischter, weil die Tiere nicht zusammengepresst und beim Hieven beschädigt werden können. Deswegen fischt Roy mit Langleinen oder, wie heute, mit einer Angelmaschine, die sieben Köder und Haken im Wasser automatisch auf und ab bewegt. Er muss nur noch auf einen Knopf drücken, dann wird die Leine aufgeholt, und Roy kann die Fische von den Haken lösen. Die zappelnden Seelachse schmeißt er zurück ins Wasser, den Kabeljaus schneidet er die Kehle durch. Es läuft gut. Zu gut. Es gibt zu viel Skrei dieses Jahr, die Preise verfallen. Dafür füllt sich aber der Fischbehälter der PIRAYA zügig. Roy ist früh wieder zurück im Hafen und macht zum Entladen am Kai fest; ein Kran hebt den Fischbehälter aus dem Schiff und entleert ihn in einen Kunststoff-Container, den ein Gabelstapler in die Verarbeitungshalle bringt. Dort schliddern die Fische auf ein Förderband, an dem Frauen und Männer mit langen Gummischürzen stehen. Die einen nehmen die Fische aus, andere trennen ihnen den Kopf ab und separieren Leber und Rogen. Die Köpfe landen dann bei dem elfjährigen Daniel. Auch er trägt eine Gummischürze, lange Gummihandschuhe und ein kleines scharfes Messer in der Hand. Mit dem schneidet er aus den Köpfen die Zunge heraus, die eine beliebte Delikatesse sind und gesalzen, gepfeffert und in Butter gebraten werden, manchmal auch leicht paniert, wenn man es mag. Das Herausschneiden der Kabeljauzungen ist traditionell Kinderarbeit, die den Teens das Taschengeld aufbessert; 50 Kronen, knapp sieben Euro, bekommt Daniel pro Kilo extrahierter Zunge. Das Geld spart er. Später will er ein Boot kaufen und Fischer werden. Ein Berufswunsch, der allerdings seltener wird in Norwegen, denn er verheißt viel raue Arbeit und schwer kalkulierbare Einkünfte. Von Jahr zu Jahr verliert er an Attraktivität, und die Zahl der Fischer schrumpft.

» *Der Vestfjord ist von einer flauen Brise gekräuselt, meilenweit sieht man auf den Bänken einen Schwarm von dunklen Punkten, – das sind Boote, und darüber weiße Wolken von Möwen. Lummen und Scharben fliegen umher und kreischen. Das Meer ist in Erregung, und dennoch zeigt sich nicht eine Welle.*

Die Angelfischer ziehen mit jedem Wurf einen Fisch an Bord, schwere Kabeljaue zappeln an den Schnüren, die Netze sind heute schwer beladen, die Männer ziehen und ziehen, der graue Strom, der über die Rolle geht, ist zottig von Fischen. Die Männer schwitzten, und das waren sie gewohnt, aber sonst war heute alles neu. Sie sahen sich an und lachten und zogen dann wieder mit frischen Kräften weiter.

Da Lars den ganzen Tag lang das schwere Ruder halten musste, hatte er Blasen an den Händen, aber er merkte es erst, als die Netze wieder ausgelegt waren und sie im Dunkel an Land ruderten.

In der Bucht war schon ein Höllenlärm bei den Handelsbooten, die die Fische an Bord nahmen.

Und die wenigen, die fertig und an Land waren, hatten schon ein paar Schnäpse getrunken, denn von überall ertönte Gesang und Lärm.

Aber die Staväringer pflegten die Fische zurecht zu machen, bevor sie sie verkauften, sie nahmen die Eingeweide heraus und schnitten die Köpf ab, salzten Rogen in Tonnen und verkauften ihn, wenn im Frühling die Preise hoch gingen. Die Leber aber nahmen sie mit heim und verdienten besser, wenn sie sie selber zu Tran kochten.

Da heißt es denn bis spät in die Nacht beim Schein einer Laterne am Strande stehen und zwölf- bis fünfzehnhundert Kabeljaue ausnehmen, ehe an Essen oder Schlafen zu denken ist. «

DIE EMPFEHLUNG DES PAPSTES

Bereit zum großen Fischzug. Im Hafen von Myre erwartet die Trawler-Flotte während der Skrei-Saison das morgendliche Auslaufen.

Wenn die Fische ausgenommen und kopflos sind, werden sie noch einmal mit Seewasser gewaschen, dann paarweise am Schwanz zusammengebunden und anschließend an die Trockengestelle gehängt. Stockfisch wird, im Unterschied zu Klippfisch, nicht gesalzen. Er entsteht seit urdenklicher Zeit ohne irgendwelche Zusatzstoffe als reines Produkt von Meer, Luft und Wind und ist in getrocknetem Zustand nahezu unbegrenzt haltbar.

In Henningsvær gelangt er mit hoher Wahrscheinlichkeit in die Obhut von Ragnar Riksheim oder Einar Giæver, den beiden großen Lageristen und Händlern des Ortes, beide grauhaarige, freundliche Männer, die alte Familientraditionen fortsetzen. Wer auf den Lofoten vom »ältesten Gewerbe der Welt« spricht, denkt nicht an Huren, sondern an den Handel mit Stockfisch. Die Vorfahren von Einar Giæver sind schon im 17. Jahrhundert aus Deutschland nach Norwegen gekommen und haben dann den Namen ihrer ostfriesischen Herkunftsstadt Jever zum Familiennamen gemacht und norwegisiert. Hauptsitz des Familienunternehmens ist Havnnes, eine kleine Insel nordöstlich von Tromsø, aber hier in Henningsvær gibt es eine große Zweigniederlassung.

Doch der Platzkönig unter den Händlern ist Ragnar Riksheim, 1,90 Meter groß, hager und kerzengerade, ein Mann in den Sechzigern, eine aristokratische Erscheinung. Stolz wie ein Fürst durch sein Schloss führt er den Besucher durch die Lagerhalle, wo sich auf Paletten Stockfisch aller Qualitäten stapelt und der durchdringende Duft einem den Atem raubt. Riksheim mag diesen Geruch, er mag auch den Geschmack. Lässig greift er eine »Westre Magro«-Qualität vom Stapel, beschnüffelt sie, bricht sie dann auseinander, bröselt das faserige Trockenfleisch auseinander, kostet und zeigt sich zufrieden. »Westre Magro« gehört zur »1. Wahl«, dem »Prima Lofot Kabeljau«; Fische dieser Güte verpacken seine Arbeiter sorgfältig in Jute und luftige Kartons und versenden sie darin. Trockenfische minderer Qualität pressen sie mit einer hydraulischen Presse stapelweise zu handlichen Paketen und binden sie mit Draht zusammen. Die Merkmale und Differenzierungen der unterschiedlichen Qualitäten sind eine Wissenschaft für sich. Das Fleisch eines guten Stockfisches soll beispielsweise so transparent sein, dass das Licht einer Lampe, die man hinter ihn hält, hindurchscheint. Bei hervorragender Qualität soll man sogar durch das Fleisch hindurch eine Zeitung lesen können.

Lecker! Ragnar Riksheim, der Stockfisch-König von Henningsvær, probiert eine »Prima Lofot«-Qualität. Minderwertigere Sorten heißen so wie ihr Bestimmungsland: Afrika. Exzellenter Stockfisch ist nahezu transparent.

2000 Tonnen Kabeljau verarbeitet Riksheim in seinem Betrieb pro Jahr. 90 Prozent verkauft er nach Italien, vor allem die Qualitäten der 1. Wahl, die nach Länge, Dicke, Gewicht, Aussehen und Aroma noch einmal in zwölf Unterklassen eingeteilt werden. Die 3. Wahl und unterste Qualitätsstufe heißt »Afrika« und wird auch dorthin exportiert, ebenso wie die gesondert getrockneten Fischköpfe, die pro Stück für zwei Cent verkauft werden und überwiegend in Nigeria landen, wo sie die Grundlage einer beliebten Fischsuppe bilden.

Die innige Beziehung der Italiener zu Stockfisch geht auf einen Schiffbruch im Jahre 1431 zurück. Den erlitt ein venezianischer Kaufmann und Kapitän namens Pietro Querini, der eigentlich mit einer Ladung Malvasier-Wein, mediterranen Gewürzen, Baumwolle, Wachs und Alaun von Kreta nach Brügge in Flandern segeln wollte. Vor Kap Finisterre in Nordfrankreich jedoch geriet er in einen Monstersturm, der ihn weit nach Norden vertrieb, sogar an Irland und Schottland vorbei. Sein Schiff wurde dabei so beschädigt, dass er es schließlich aufgeben und sich in eine offene Schaluppe retten musste, mit der er und weitere zehn Überlebende nach 16 Tagen auf See und im Golfstrom treibend schließlich auf Sandøy strandeten, einem kleinen unbewohnten Schäreneiland kurz vor der südlichen Lofoten-Insel Røst.

Nach elf Tagen wurden sie von den Fischern der Insel entdeckt, nach Røst gebracht und dort so fürsorglich aufgenommen und aufgepäppelt, dass Querini in dem Bericht, den er nach seiner Heimkehr für den Senat von Venedig verfasste, vom »ersten Kreis des Paradieses« sprach, den er und seine Gefährten auf den Lofoten erlebt hätten. Er pries die Freundlichkeit und Freigiebigkeit der Insulaner und hob ihre Schönheit und Unbefangenheit hervor – »vor unseren Augen zogen sie sich nackt aus, wenn sie schlafen gehen wollten«. Aber zu den paradiesischen Erfahrungen zählte er ausdrücklich auch »I stocfisi seccano al vento e al sole senza sale«, den Stockfisch, der nur vom Wind und von der Sonne getrocknet, ohne Salz und »duri como legno«, hart wie Brennholz, sei.

Als die Schiffbrüchigen im Mai 1432 ihre Heimreise antraten, gaben die Gastgeber den Gästen 60 Stockfische mit auf den Weg. Eine gute Investition! Denn diese 60 Fische wurden zu Vorboten des kommenden Stockfisch-Exports von den Lofoten nach Italien. Angeblich hat Papst Eugen IV. (ein Venezianer!) den Boom ausgelöst, der Querini nach seiner Rückkehr in einer Privataudienz empfangen, dabei auch den mitgebrachten Stockfisch gekostet, geschätzt und damit allgemeine Begeisterung für die neue Fastenspeise ausgelöst haben soll. Tatsächlich dürfte der Durchbruch aber erst mehr als 100 Jahre später erfolgt sein, als das Konzil von Trient 1563 im Zuge der Gegenreformation den katholischen Gläubigen verschärfte Fastenregeln auferlegte und unter anderem verbot, mittwochs und freitags Fleisch, Milchspeisen oder Eier zu verzehren. Fisch war erlaubt, konnte aber leider wegen der fehlenden Kühlmöglichkeiten kaum transportiert und aufbewahrt werden. Da erkannten die Kaufleute Venedigs und Genuas ihre Chance und begannen, die nahrhafte Dörrdelikatesse aus dem Meer in großen Mengen aus Norwegen zu importieren. Und Ragnar Riksheim bekommt heute noch jedes Jahr im Sommer Besuch von Maria Christina Rizzi, einer eleganten Signora und Stockfisch-Importeurin aus Genua, die bei ihm die Meeresernte des vergangenen Winters besichtigt, begutachtet und dann bestellt – rund 1500 Tonnen pro Jahr, was ungefähr einer Million Stockfischen entspricht.

Pausenbrot im Spind. Ein Arbeiter hat sein Frühstück aufgehängt.

ABSTECHER ZUM TROLLFJORD

Wohin fliegen Seevögel? Fliegen alle in dieselbe Richtung? Sammeln sie sich irgendwo über dem Meer? Verrät ihr Flug etwas über die Tiefe unter ihnen? Der Crew der DAGMAR AAEN gelingt es nicht, an dem Verhalten der Möwen, die uns begleiten, irgendetwas abzulesen; in unseren Augen ziehen sie kreischend die immer gleichen Kreise über Hafen und Bucht. Doch die Fischer der alten Zeit beobachteten sehr sorgfältig, welche Flugbahnen Möwen, Lummen, Alken und Scharben einschlugen, und sie erkannten, wo die Vögel zu kreisen begannen, und zogen daraus ihre Schlüsse.

In ihren Darstellungen der »Schlacht am Trollfjord« verarbeiten norwegische Künstler das Aufeinanderprallen der kühlen Moderne in Gestalt des Dampfschiffes und der archaischen Welt und Wut der traditionellen Fischer.

Die Männer der ROBBE im Roman von Johan Bojer erleben ähnliche Tage in Henningsvær wie wir: Ohne Ende fällt Schnee vom Himmel, die Siedlung der Fischer versinkt in Weiß, die Schiffe im Hafen werden unkenntlich. Kein Kabeljau geht ins Netz, die Fischschwärme sind anderswo, die Männer lassen den Kopf hängen. Doch dann erkennt der Schiffsführer der ROBBE ein Zeichen am Himmel, das die anderen nicht sehen: Die Seevögel ziehen nach Osten. Heimlich rüsten die Männer ihr Schiff aus, um die anderen Fischer nicht aufmerksam zu machen, schleichen in der Nacht zum Hafen, stopfen Wollhandschuhe in die Dollen, damit die Riemen keine Geräusche verursachen, und rudern lautlos davon. Sie rudern die ganze Nacht hindurch und den ganzen folgenden Tag.

» *Im Kielwasser schwimmt die Angst mit vielen Gesichtern, das ist die Armut. Nicht zum ersten Mal verfolgt sie ein Fischerboot, nicht zum ersten Mal rudern die Männer, als gelte es ihr Leben.* «

Sie rudern Stunde um Stunde, Meile um Meile, und es ist kein Rudern wie auf der Hamburger Alster oder dem Berliner Wannsee, es ist Rudern auf hoher See, Rudern in wilden Wellen, Rudern gegen Wind und Strömung. Sie rudern an Kabelvåg vorbei und an Svolvær, und dann sehen sie plötzlich, worauf sie gehofft haben: eine bunte Wolke von Vögeln weit draußen auf dem Meer, die sich rasch nach Osten bewegt, auf einen Fjordeingang zu; und die Wolke ist groß, es muss ein riesiger Fischschwarm sein, dem sie folgt.

» Da ruderten sie wieder. Das Boot schoss vorwärts. Die Ruderschläge waren wie ein Tanz. Sie waren wie toll eine ganze Nacht gerudert, jetzt hätten sie Verlangen, zu verschnaufen und einen Bissen zu essen, aber dies hier war besser als alles, hier mussten sie dabei sein, jetzt ruderten sie.

Später am Tag sahen sie hinter sich eine Menge Masten aus dem Meer aufragen, die hinter ihnen herjagten. War die Flucht entdeckt worden? Ein Boot folgt vielleicht. Mehrere fahren aus, Gerüchte von Fischschwärmen verbreiten sich, es gibt Alarm, und schließlich löst sich eine ganze Lawine vom Ufer. Da kommen sie. Rauch steigt auf – Dampfer sind auch dabei. «

Es ist ein historisches Geschehen, das Johan Bojer hier verarbeitet, und es hat in der Geschichte der Lofotfischerei einen bedeutsamen Platz. Wir haben einen Abstecher zum Raftsund gemacht, um es zu rekonstruieren; genauer gesagt, zu der Stelle, wo der Trollfjord abzweigt, ein Vorzeige-Fjord Norwegens.

Die Einfahrt zum Trollfjord erschließt sich einem nicht auf den ersten Blick. Erst kurz vor dem nur 100 Meter breiten Einschnitt im Felslabyrinth ist der Verlauf des zwei Kilometer langen Trollfjordes vom Raftsund aus zu erkennen. Steile, düstere Felswände flankieren die Zufahrt. Dahinter öffnet sich der Fjord bis auf 800 Meter Breite. 1000 Meter hohe Berge, im Süden der Trolltindan und im Norden der Blåfjell sowie der Litlkorsnestinden, flankieren den Fjord. Eine gewaltige Kulisse für die legendäre »Schlacht im Trollfjord«. Den damals an ihr beteiligten Fischern wird der Sinn für die delikate landschaftliche Dramatik entgangen sein. Für sie ging es aber auch um ein ganz anderes Drama: um die Existenz, um das nackte Überleben.

Es war im Winter 1890, als ein gewaltiger Kabeljauschwarm Kurs auf diesen Fjord nahm, verfolgt von Hunderten Fischerbooten. Doch schon auf dem Vestfjord wurden die Ruderboote von den modernen großen Dampfschiffen überholt. Als die kleineren Boote schließlich die Einfahrt zum Trollfjord erreichten, sahen sie sich einer Sperre aus Dampfbooten und Senknetzen gegenüber, die ihnen die Zufahrt verwehrten. Die schnellen Dampfer hatten den riesigen Fisch-

»Die Netzboote wurden überwältigt ...« Zumindest zu diesem Zeitpunkt noch siegten die Lüttfischer über das Großkapital.

schwarm im Fjord eingekesselt und beanspruchten den Fang für sich allein. Wut kochte in den Besatzungen der kleinen Ruder- und Segelboote auf. Erbittert forderten sie Einlass, Durchfahrt, Beteiligung am Fang, sofort, sonst würden sie die Zufahrt mit Gewalt erstreiten. Sie wurden kalt abgewiesen. »Wer zuerst kommt, mahlt zuerst.« Die Empörung eskalierte. Zornig enterten sie die Dampfschiffe, hieben auf jeden ein, der sich ihnen in den Weg stellte. Von den Dampfern aus wurden sie aus Schläuchen mit kochend heißem Wasser bespritzt, was die Wut der Fischer zur Raserei steigerte. Die wütenden Schreie der verbrühten Fischer, die Schmerzensschreie der von Knüppeln und Fäusten getroffenen Dampferbesatzungen, die verzweifelten Schreie der über Bord Geworfenen, deren Kräfte im eisigen Wasser schnell erlahmten, mischten sich in das Kampfgetöse. Netze wurden gekappt, Ankertrossen durchtrennt. Mit ihren kleinen, wendigen Schiffen zwängten sich die Bootsbesatzungen durch die entstehenden Lücken und schwärmten in den Fjord aus, um ihren Teil an den Fischen zu fangen. An diesem Tag wurden eine Million Kabeljaus gefischt.

Am berühmtesten sind die Schlacht-Gemälde von Gunnar Berg. Sie sind Ende des 19. Jahrhunderts entstanden und heute im Museum in Svolvær ausgestellt.

» *Innerhalb der Sperrnetze standen die Fische so dicht, dass es aussah, als werde die Wasseroberfläche von einem Hagelschauer gepeitscht, aber im ganzen Fjord war es nicht anders, Rückenflossen, Rückenflossen überall, der Fjord siedete, sie ruderten in Fischen, dies war ein Märchen! Alle Augen waren blutunterlaufen. Die Ruder hoben sich zum Schlage, die Netzboote wurden überwältigt, die Männer niedergeschlagen, die Fischer stürzten sich auf die Netze, schnitten, rissen, hieben sie in Fetzen.* «

Die »Schlacht am Trollfjord« war die erste große Konfrontation der Geschichte zwischen den kapitalkräftigen Großfischern und den armen Bootsbesatzungen der Lüttfischer. Es war eine Schlacht mit politischen Auswirkungen: Das norwegische Parlament Storting verbot nach langen Debatten den Einsatz von Senknetzen. Die armen Fischer gingen letztlich als Sieger aus dieser Schlacht heraus.

Abhängen. Nirgendwo auf der Welt gibt es für das Trocknen und Reifen von Stockfisch bessere klimatische Bedingungen als auf den Lofoten. Die Temperatur ist weder zu warm noch zu kalt, die Luft weder zu trocken noch zu feucht.

Aber sie hatten nur eine Schlacht gewonnen, nicht den Krieg. Schon bald nach der Wende zum 20. Jahrhundert tauchten die ersten motorisierten Fischereifahrzeuge auf dem Vestfjord auf, die schneller waren, weitere Entfernungen zurücklegen, größere Netze einsetzen und mehr Fische erbeuten konnten. Mit ihnen begann eine Entwicklung, die sich 50 Jahre später in gnadenlose Überfischung der Kabeljaubestände verwandelte. Die Zahlen sprechen für sich: 1913 holten 14 695 Fischer 32 640 Tonnen Skrei aus dem Meer, 1947 waren es 20 533 Fischer, die Kabeljaus mit einem Gesamtgewicht von 145 897 Tonnen fingen – mehr als das Vierfache. Nach diesem Rekordjahr fielen die Fänge dann stark ab, 1987 wurden nur noch 17 897 Tonnen Skrei gefischt, und es drohte eine Entwicklung wie auf den einst fischreichen Grand Banks vor der Küste Kanadas, wo der Kabeljau in den 1980er-Jahren fast ausgerottet wurde und die Bestände sich trotz eines generellen Fangverbotes seit dem Jahre 1992 bis heute nicht erholt haben.

Fischer und Wissenschaftler begannen jetzt auch in Norwegen, Alarm zu schlagen. 1989 hatten sie endlich Erfolg: Die zulässigen Fangmengen wurden insgesamt stark limitiert und den professionellen Fischerbooten genaue Quoten für ihren Fang zugeteilt. Der Erfolg dieser Maßnahmen war durchschlagend, 1992 hatten sich die Bestände erholt, 1995 konnten schon wieder gut 50 000 Tonnen arktischer Kabeljau gefischt werden. Doch jetzt drohte Gefahr von anderer Seite: Fischtrawler aus Island und vor allem aus Russland, das nach dem Zerfall der Sowjetunion noch ziemlich ungefestigt und ohne durchgreifende Staatsautorität war, fielen mit modernstem Fischereigerät über die Kabeljaubestände in der Barentssee her und dezimierten sie dort derart, dass immer weniger Fische ihre Wanderung zu den Lofoten überhaupt noch antreten konnten.

Die Großen fressen die Kleinen. Der Kabeljau-Bestand wird von den norwegischen Gesetzen gut geschützt, nicht jedoch der Bestand der Fischer. Die Großen kaufen die Fangquoten der Kleinen auf und bringen sie so zum Aufgeben.

Im Jahre 2000 waren die Bestandszahlen auf ein dramatisches Tief gesunken. Auch die russische Regierung erkannte jetzt die Gefahr der Kannibalisierung ihrer eigenen Ressourcen und schloss mit Norwegen ein gemeinsames Schutzabkommen für die Barentssee. In ihm wurde die laufende Kontrolle des gesamten Seegebietes zwischen Nordkap, Spitzbergen und Nowaja Semlja beschlossen und die Möglichkeit festgelegt, jeden Bereich, in dem die Bestandszahl an Kabeljau zurückgeht, zur »Closed Area« zu erklären, einer Verbotszone für jeden Fischfang. Unter norwegischer Federführung entwickelten beide Länder ein erfolgreiches Generalmanagement, nach dem Fischereibiologen analysieren, prognostizieren und Schutzgebiete festlegen, Schiffe der Küstenwache kontrollieren und Überwachungsflugzeuge illegale Fischer jagen.

Parallel dazu verfeinerte Norwegen sein eigenes Schutzprogramm für die Zuwanderer aus der Barentssee. Dessen Grundlage ist eine genaue Fangstatistik, für die schon von Bord der Fischerboote Daten über Größe, Gewicht sowie Geschlecht der gefangenen Fische an Meldestellen entlang der Küste übermittelt werden. Diese Daten werden dann von Wissenschaftlern ausgewertet und mit weiteren Daten aus der Luftbeobachtung der Schwärme, aus Kontrollfängen und Eiuntersuchungen nach dem Ablaichen abgeglichen. Die Kombination aller Untersuchungen und Daten erlaubt dann präzise Aussagen über die Bestände und zuverlässige Prognosen für ihre Entwicklung, aufgrund derer die jährlichen Fangmengen festgelegt und den Fischern als Quoten zugeteilt werden. Strenge Kontrollen sorgen dafür, dass diese Quoten auch eingehalten werden.

Das gesamte Überwachungs- und Schutzprogramm für den arktischen Kabeljau von seiner Heimat in den Tiefen des Polarmeeres bis zu seinen Fangplätzen vor Henningsvær gilt heute als ausgefeilt, bewährt und erfolgreich. Die Bestände sind auf einem historischen Hoch – so viel Kabeljau wie 2013 hat es seit dem Zweiten Weltkrieg nicht mehr gegeben. Allerdings spielt für ihre Zahl und Entwicklung nicht nur die Fischerei eine Rolle, sondern auch eine Vielzahl anderer Faktoren, die ausreichende Verfügbarkeit von Futter für die Larven beispielsweise und von Beutefischen für die erwachsenen Tiere. Alle Wirkungszusammenhänge im Meer sind faktorenreich und komplex, und die Erfahrung lehrt, dass die Lebensbedingungen des Kabeljaus nicht konstant sind, sondern sich immer wieder verändern. Mit ihnen verändern sich auch die Bestandsgrößen. Umso wichtiger ist es, dass der Mensch seine Eingriffe in die Natur, also Fischerei und Fangmengen, diesen Schwankungen immer wieder anpasst.

STURMFAHRT NACH VÆRØY

Mit einem Schlag ändert sich das Wetter. Es hört auf zu schneien, klart auf, und der Wind nimmt auf passable 5 Beaufort ab. Ein Wetterfenster, von dem wir nicht wissen, wie lange es offen bleiben wird. Also sofort los. Es ist zwar schon später Nachmittag, aber wir schütteln den Schnee von den Segeln, fegen das Deck und trampeln auf den gefrorenen Festmacherleinen herum, bis das Eis in den Knoten knirschend bricht und wir sie wieder durch die Klüsen ziehen können.

Und dann ist es ein Traum. Wir segeln durch eine lange Dämmerung in eine helle sternenfunkelnde Nacht, die lakenweißen hohen Berge der Lofotkette an Steuerbord, den glitzernden Vestfjord an Backbord, den aufgehenden Vollmond hinter uns und guten Wind in den Segeln. Man guckt und schweigt vor Andacht

Das andere Gesicht des Vestfjords. Während der Fahrt zur südlichsten Insel der Lofoten bekommt die Crew der DAGMAR AAEN einen authentischen Eindruck von den jähen Wetterwechseln und gefährlichen Stürmen in diesem Revier.

und Glück. Leider wird der gute Wind bald zum bösen Wind, er nimmt rasant schnell rasant stark zu, der Traum ist ausgeträumt. Das erste Reff wird eingebunden, kurz darauf folgt das zweite, dann das dritte. Dazu muss das Schiff in den Wind gedreht werden. Ein Kampf mit dem zwölf Meter langen Großbaum, mit schwerem Tuch auf dem jetzt stampfenden, wild tanzenden und haltlos torkelnden Schiff. Danach fallen wir wieder ab auf unseren Kurs.

Der Wind hat mittlerweile 40 Knoten, in Böen 45 Knoten erreicht. Es ist beängstigend, wie schnell dieser Wetterumschwung passiert. Wir tragen immer noch zu viel Segelfläche. Der Klüver muss runter. Zum Festmachen des Segels müssen zwei aus der Mannschaft mit einem Lifebelt gesichert nach vorn, das Klüvernetz entern, das unter dem Klüverbaum gespannt ist. Bei jeder Welle fahren sie Achterbahn, bekommen sie eine eisige Salzdusche ab. Die beiden

Seefahrt ist Not. Die exponierte Lage von Værøy, die häufigen Stürme und der tückische Gezeitenstrom machten den Alltag der Fischer oft lebensgefährlich. In den Inselkirchen wurde für glückliche Heimkehr gebetet, dennoch stehen auf dem Friedhof viele Grabsteine für die »Gebliebenen«. Auch die Crew der DAGMAR AAEN hat bei der Überfahrt mit schwerem Wetter zu kämpfen.

befinden sich quasi außerhalb des Schiffes in einer ungeheuer exponierten Lage. »Witwenmacher« wurde der Klüverbaum bei den alten Segelschiffleuten genannt. Die Bedeutung dieses Wortes wird in dieser stürmischen Nacht deutlich. Nur unter Fock und dreifach gerefftem Großsegel laufen wir vor Wind und Wellen. Rauschefahrt. Atemberaubend, furchteinflößend und faszinierend zugleich. Ein Wetter wie dieses in einem offenen Boot überleben? Unmöglich.

Auch auf das Deck der DAGMAR AAEN ergießen sich jetzt Sturzbäche von Seewasser, so stark wird das Schiff von den Böen auf die Seite gedrückt. Und der Wind nimmt weiter zu, mit furchterregender Geschwindigkeit. Man muss brüllen, um sich zu verständigen. Zwischen uns und Værøy liegt der berüchtigte Moskestrom. Bei diesem Wetter, bei sich immer höher türmenden Seen? Zu gefährlich. Strom gegen Windsee bildet eine konfuse, durcheinanderlaufende und brechende See, die extrem gefährlich werden kann. Wir entschließen uns, den Hafen von Moskenes anzulaufen, auf günstigeres Wetter zu warten. Aber auch die Ansteuerung hat es in sich. Der Wind bläst aus Nordost, auflandig. Die Hafeneinfahrt ist mehr zu erahnen als auszumachen. Segel bergen auf dem wild schlingernden Deck, danach die Ansteuerung an gischtüberspülten Schären vorbei. Von Kreuzseen hin und her geworfen, passieren wir die enge Hafeneinfahrt, fahren in ruhiges Wasser ein. Endlich. Alle an Bord sind erleichtert. Der Moskestrom erfordert günstigere Wetterbedingungen – auch heute noch.

» *Im Nebel ist jeder Laut verdächtig, und jetzt setzte sich dieser zerfetzte trübe Meernebel in Bewegung, er treibt nach Südosten, das bedeutet Sturm, hört nur! Ist das nicht schon ein seltsames Dröhnen?*

In allen Booten kam Leben in die Leute. Sie zogen und holten an, aus Leibeskräften, um fertig zu werden, sie kannten das Dröhnen, das immer gewaltiger wurde.

Aber diesmal ging es so rasch, dass keiner recht zur Besinnung kam, ehe die Bote sturmumbraust dalagen und von mächtigen, weißschäumenden Wogen auf und nieder geschaukelt wurden.

Unmöglich, Netze einzuholen, die Boote würden nur vollschlagen – Messer heraus, abschneiden, kappen. Die Boote werden über Wogen hingepeitscht, die rollende Berge sind. Die Männer an Bord stehen in einer Sturzsee und schöpfen, schöpfen, schöpfen.

Sie fuhren mit dem Wind.

Aber die Boote lagen unter dem Gewicht der vielen hundert Fische tief im Wasser, deswegen brachen die Seen über das Hinterschiff herein, dass das Schöpfen keinen Zweck mehr hatte. Ein Befehl, ein Schrei des Führers, der von den anderen Stimmen über das Boot weitergeschrien wird, und drei Mann stürzen sich auf die Fische und werfen die kostbare Last über Bord, hinaus, hinaus in Rauch und Gischt, als brächten sie dem Meere selber ein Opfer dar, um das Leben zu retten.

Sie segelten, sie segelten, sie wussten nicht, wo. Quer über den Vestfjord – oder aufs hohe Meer hinaus oder gerade auf eine Felswand los das stand in Gottes Hand. Hätten sie einen Kompass an Bord gehabt, es wäre doch unmöglich gewesen, nachzusehen, und ein Streichholz anzuzünden – bei solchem Wetter.

Sie hörten dann und wann Schreie, das waren keine Vogelstimmen, das waren Menschen. Das waren Menschen, die auf gekenterten Booten ritten. Das war nun einmal so.

Ein gekentertes Boot auf dem Lofotmeer, das ist etwas ganz Alltägliches, und das wussten sie. Es war so alltäglich, in einer solchen Nacht umzukommen, und das wussten sie. Und doch klammerten sie sich fest, weil jede Sekunde eine Sekunde mehr zu leben war, und sie schrien um Hilfe, wild, jammernd, und bei allen war es der gleiche Schrei: ›Herr Gott, hilf! Hilf!‹ «

Pathetische Poesie. Wie eine vierte Dimension wirkt die grüne Spiralformation des Polarlichts über dem nächtlichen Meer.

MASTER NEXT TO **GOD?**

Inmitten seiner Crew, aber innerlich manchmal einsam: Skipper Arved Fuchs.

Das waren das für Zeiten. Die alten Segelschiffkapitäne waren auf ihren Schiffen die uneingeschränkten Herrscher. Fernab jeder Gerichtsbarkeit sprachen sie Recht – oder zumindest das, was sie dafür hielten. Sie führten Seebestattungen durch, vermählten Brautpaare oder trieben nach eigenem Gutdünken ihre Mannschaften bis zur völligen Erschöpfung an. Einige von ihnen waren Sadisten, andere Genies. Solange sich das Schiff auf hoher See befand, war ihr Wort Gesetz – und wehe dem armen Seemann, der dagegen aufbegehrte.

Doch dies ist nur die eine Seite, die bekannte. Denn Kapitäne waren immer schon auch die einsamsten Männer an Bord. Die Aura, mit der sie sich umgaben, verbot es ihnen, sich der Mannschaft zu offenbaren. Sie waren einsame Entscheidungsträger, waren aufgrund ihres Wissens und ihrer Erfahrung quasi unersetzlich. Wie mag es in ihrem Inneren ausgesehen haben, wenn sie mit ihrem Windjammer in schwerem Sturm auf Legerwall gerieten? Von ihrem Weitblick, ihrer Expertise hing das Wohl und Wehe des Schiffes und der Mannschaft – und last, but not least auch ihr eigenes – ab. Die Entscheidung, die der Kapitän traf, musste die richtige sein. Ohne wenn und aber. Der erzürnte Ozean ließ ihnen keinen noch so kleinen Fehler durchgehen. In diesen gefahrvollen, einsamen Stunden waren sie das Schicksal ihrer Mannschaft und damit in gewisser Weise der Stellvertreter Gottes. Daher rührt wohl der Ausdruck »Master next to God« – zumindest interpretiere ich das so.

Und auf der DAGMAR AAEN? Das Schiff ist klein, die Mannschaft lebt und arbeitet auf engstem Raum. Wir sind Freunde, teilen das schlichte und garantiert luxusfreie Leben an Bord. Wir erzählen uns viel Privates. Aber trotzdem gibt es Kompetenzen und Zuständigkeiten an Bord. Von der Deckshand über den Smut, den Maschinisten, die Steuerleute und schließlich den Kapitän – oder Skipper, wie er an Bord genannt wird – ist jeder Aufgabenbereich genau definiert und an eine Person gebunden. Das entspricht nicht nur guter alter seemännischer Tradition – auch der Gesetzgeber besteht darauf. Die Ozeane sind heute kein rechtsfreier Raum mehr – zum Glück! Ein Kapitän hat sich an geltendes Recht zu halten – egal wie groß oder klein das Schiff ist.

Eines aber ist geblieben: die einsamen Stunden oder Minuten der Entscheidungsfindung. Die Risikoabwägung. Welche Maßnahme ist sinnvoll, welche zu verantworten? Darf man sich dem allgegenwärtigen Zeitdruck beugen und dem Ausspruch »wird schon gut gehen« Glauben schenken? Im englischen Sprachraum gibt es den Begriff des »Prudent Mariner« des umsichtigen, klugen Seefahrers. Er ist sich selbst und sei-

nem Schiff gegenüber verpflichtet. Die Einstellung »wird schon gut gehen« war noch niemals hilfreich – selbst wenn es gut ausging. Ein solcher Ausgang wäre eine Frage des Glücks und nicht der Kompetenz. Um als Skipper eine Entscheidung treffen zu können, muss man die gesamte Komplexität der Situation erfassen. Das lässt sich leicht dahersagen, erweist sich in der Praxis jedoch als weit schwieriger.

So auch auf dem Weg von Henningsvær nach Værøy. Im Januar bei stockfinsterer Nacht im Vestfjord bei Sturm zu segeln lässt keinen Raum für romantisch verbrämte Seefahrergeschichten. Die Situation ist urplötzlich bedrohlich. Nicht nur wegen des Starkwindes, nicht nur wegen der Strömungsverhältnisse im Moskestrom oder wegen der nahen Küste. Es ist das Zusammenwirken der unterschiedlichen Komponenten, die das Gefahrenpotenzial bilden. Verschiedene Fragen wollen beachtet werden: Nehmen Wind und Seegang weiter zu? Wann läuft die Tide gegen die Windsee? Was macht der Luftdruck? Teile der Mannschaft sind seekrank. Das Schiff arbeitet schwer in der aufgewühlten See. Die Segelmanöver, jeder kleine Handgriff auf dem eisigen, rutschigen Deck sind riskant. Darf man unter diesen Umständen überhaupt eine schwierige Ansteuerung bei Dunkelheit in einen kleinen und unbekannten Hafen wagen? »Nein«, müsste die Antwort lauten. Aber ablaufen können wir nicht und beidrehen auch nicht: Wir sind auf Legerwall. Mit Gewalt durch den aufgewühlten Moskestrom zu segeln wäre ebenfalls eine Option. Doch da kann es leicht Bruch durch Seeschlag geben – und Schlimmeres. Ich muss abwägen – das eine ist so gefährlich wie das andere. In dieser Situation fühle ich durchaus eine Seelenverwandtschaft mit den alten Windjammerkapitänen. Hier wie dort musste die richtige Entscheidung getroffen werden. Einsam. Denn Zeit, um sich zu beraten, gibt es nicht. Hier und jetzt entscheidet sich alles. Ich wähle das aus meiner Sicht geringere Übel – den Hafen von Moskenes anzulaufen. Jetzt ist Teamarbeit gefragt. Es geht alles gut, weil die Mannschaft professionell arbeitet und ich mich auf jeden Einzelnen verlassen kann. Jeder an Bord hat seine Aufgabe, doch nur im Zusammenwirken aller funktioniert das Gefüge Schiff. Ohne Kapitän, ohne eingespielte Crew keine sichere Passage – das gilt für jeden Einzelnen an Bord, auch und gerade übrigens für den Smut. Denn ohne ihn hat man schnell eine übel gelaunte, schwer zu motivierende Crew.

Jeder hat seine Aufgabe. Erst als wir längsseits an der Pier liegen, merke ich, wie die Anspannung von mir abfällt. Aber es ist auch ein schönes Gefühl. Irgendwie mag ich das – Verantwortung zu übernehmen.

DER MOSKESTROM

Seewasser ist ein Stoff, aus dem Legenden gewoben wurden. Regionen wie das gefährliche, sturmdurchtoste Meer vor Kap Hoorn oder die unheimliche, bewegungslose Sargassosee sind wahre Mythen. Doch der Seebereich, den wir jetzt durchfahren, ist vielleicht der legendärste unter allen. Bei Olaus Magnus, einem norwegischen Geistlichen, Geografen und Kartografen des 16. Jahrhunderts, liest er sich als »eyn solcher Schlund und sorglicher Zwürbel, daß er alle Schiff, die etwa ohngefähr dahin kommen, fluchs in eynem Hui mit eym Zwürbel versenckt und verschlinget«. 200 Jahre später wird die gleiche Meeresregion in Johann Heinrich Zedlers 64-bändigem Monumentalwerk »Großes vollständiges Universal-Lexicon Aller Wissenschafften und Künste« als »ein gefährlicher Wirbel und Meer-Strudel an der Küste von Norwegen« geschildert, »er hat 12 Deutsche Meilen im Umkreis und zieht alles, was ihm zu

Legendär und berüchtigt. Der Moskestrom, einer der weltweit stärksten Gezeitenströme im offenen Meer, kann sechs Knoten erreichen, gefährliche Strudel bilden und für kleinere Schiffe zum Verhängnis werden. Dazu kommt, wie hier zu sehen, Wetterwechsel im Minutentakt.

nah kommt, auch die größten Last-Schiffe und Wallfische mit großer Gewalt zu sich, wirft es aber nach 6 Stunden mit großem Getöse und Brausen gantz zertrümmert wieder aus«. Und endgültig verklärt und zum literarischen Denkmal gemacht hat den unheimlichen »Meeres-Strudel« dann noch einmal 100 Jahre später der amerikanische Meister der Gruselliteratur Edgar Allan Poe mit seiner albtraumhaften Schauergeschichte »Sturz in den Mahlstrom«. Jules Verne hat Poes Horrortrip aufgegriffen, in seinem Roman »Zwanzigtausend Meilen unter dem Meer« verarbeitet und den Strom darin zur »gefährlichsten Stelle des Meeres« befördert. Auch die Fischer im Roman von Johan Bojer erzählen sich schaurige Begebenheiten.

» *Hier kocht und braust das Meer auf eigene Faust, ohne sich um Wind und Wetter zu kümmern. Das ist der Moskenæsstrom. Wellenschlünde hat er von der Größe eines Binnensees, und Boote und Schiffe verschlingt er im Nu. Weg mit ihnen! Er wühlt die See auf, dass die Strudel wie ein Karussell herumsausen, und wenn dann ein Fahrzeug daherkommt, so wird es in den Kreislauf hineingerissen, immer rund herum, und dann – lebwohl!* «

Reales Vorbild für all diese Mahlstrom-Fiktionen ist der Moskestrom zwischen Moskenesøya und Værøy, vier bis fünf Kilometer breit, einer der weltweit stärksten Gezeitenströme im offenen Meer. Der Meeresboden zwischen den Inseln ist nur 40 bis 60 Meter tief, der Vestfjord hingegen bis zu 900 Meter. Wenn sich beim Gezeitenwechsel die Wassermassen zwischen Vestfjord und Atlantik durch diese flache Meeresenge pressen, beträgt der Höhenunterschied zwischen dem Wasserspiegel innerhalb und außerhalb des

Moskestroms bis zu fünf Meter, die Flut wird also zu einer regelrechten Flutwelle mit Wirbeln und gefährlichen Strudeln und einer Geschwindigkeit von bis zu sechs Knoten. Die Sogwirkung, die davon ausgeht, saugt die Kabeljauschwärme geradezu hinein in den Vestfjord und treibt sie den Fischern in die Netze.

Obwohl der Moskestrom also auch seine gute Seite hat, gleicht sein Leumund dem einer erfahrenen Hafenhure: Man kommt schwer daran vorbei, wird von ihr runtergezogen und ruiniert. Doch in beiden Fällen ist die Realität oft besser als der Ruf. Bei ruhigem Wetter kann man sich getrost mit dem Schiff vom kräftigen Gezeitenstrom durch die Passage zwischen den Inseln ziehen lassen, dabei seine Angel auswerfen und Fische fangen. Auf einer Sommerreise vor einigen Jahren haben wir das so erlebt und uns über die dramatisierenden Schilderungen dieses stillen Wassers lustig gemacht. Im Sommer bei schönem Wetter ist der Moskestrom vollkommen unspektakulär.

Aber jetzt haben wir Winter, und das Wetter ist schlecht. Der Wind heult furchterregend in der Takelage, und selbst im sicheren Hafen legt sich das Schiff in den Böen auf die Seite. Erst am späten Vormittag flaut der Sturm etwas ab, wir bereiten uns aufs Auslaufen vor. Strecktaue, an denen sich die Mannschaft sichern kann, werden wieder über Deck gespannt. Der »Verschlusszustand« wird hergestellt, das Schiff ist danach hermetisch dicht, wie ein Fass. Dann geht es los.

Außerhalb des schützenden Hafens empfängt uns eine chaotische See. Der Sturm hatte die Wellen aufgetürmt, ihnen aber auch eine Richtung gegeben. Ohne den glättenden Einfluss des Windes laufen die Wogen jetzt kreuz und

Klar Schiff. Bevor die DAGMAR AAEN den geschützten Hafen von Moskenes verlässt, wird sie sorgfältig auf das schwere Wetter draußen vorbereitet.

Schwarz-weiße Welt. Die dichte Decke der Winterwolken bringt alle Farben zum Erlöschen. Die DAGMAR AAEN segelt vor der Küste von Værøy.

quer durcheinander. Der Strom setzt uns kräftig nach Osten, die Windsee läuft genau in die entgegengesetzte Richtung. Wir halten Abstand zu der Passage zwischen den Inseln, wollen nicht in die Enge hineingezogen werden. Wir beobachten, wie sich dort die verschiedenen Wellensysteme wie zwei gegnerische Armeen gegenüberstehen. Welle prallt auf Welle, zerplatzt in Fontänen, spritzt hoch empor, fällt in sich zusammen. Andere, gischtige, grauweiße Wellen nehmen die Position wie Schlachtrosse ein, führen den Kampf der Elemente weiter. Jetzt versteht man die alten Berichte und die Angst der Seeleute, wenn sie die Kontrolle über ihre offenen Boote verloren und in den Strom gerieten.

Auch an Bord der DAGMAR AAEN geht es jetzt drunter und drüber. Das Schiff

rollt und stampft, Seen brechen an Deck. Die Vorsichtsmaßnahmen, die wir im Hafen getroffen haben, erweisen sich als überaus berechtigt. Einigen aus der Crew wird schlecht, Frühstück geht über Bord. Alle sind mit Lifebelts gesichert. Schneetreiben lässt die Konturen der nahen Inseln verschwinden, hüllt die Aufbauten des Schiffes in eine weiße, eisige Kruste ein. Die nächste See wäscht sie wieder von Bord. Erst als wir Stunden später die Hafeneinfahrt von Værøy ausmachen können, beruhigt sich die See. Aufatmen bei den Seekranken – doch keineswegs nur bei ihnen. Der Moskestrom im Winter bei schlechtem Wetter ist eben eine ganz andere Nummer als im Sommer. An Angeln hat dieses Mal jedenfalls keiner gedacht.

Drei Generationen Fischer vor ihren Trawlern. Großvater Arne Bensvik, Vater Kent, Sohn Tommy.

Kalte Dusche. Der niedrige Freibord des früheren Fischkutters DAGMAR AAEN lässt häufig schwere Seen einsteigen. Moderne Trawler bieten ihrer Besatzung mehr Schutz.

VÆRØY

Noch hat der Skrei die Insel nicht erreicht. Wir sind wieder vor ihm eingetroffen, die Fangflotte ist noch eine gute Tagesreise weit weg, der Hafen ruhig. Vereinzelt liegen große Trawler an einer Pier, dazwischen kleinere Fischkutter, eine Werft, auf der ein paar Arbeiter in dick gefütterten Overalls einem Stahlrumpf mit Schweißbrennern zu Leibe rücken. Ansonsten ruht alles in Winterschlaf. Hinter dem Hafen erstreckt sich verschneites Flachland, dann kommen die Häuser von Sørland, wo 90 Prozent der Inselbevölkerung wohnen, knapp 700 Menschen. Die übrigen zehn Prozent leben in Nordland, jenseits der kleinen Bergkette, welche die Insel zweiteilt. Auf der anderen Seite gibt es weite, flache Sandstrände, im Sommer beliebt bei Feriengästen und »Birdwatchern«. Die Vogelwelt ist vielfältig, die großen Brutfelsen am Meer galten früher als regelrechte »Schatzkammern« von Værøy, wo die Insulaner Eier sammelten und Adler fingen – die waren zahlreich, vergriffen sich oft an jungen Lämmern und waren ziemlich unbeliebt. Seit jeher wichtigster Erwerbszweig der Insel war jedoch der Fischfang. 1930 gaben 98 Prozent der Männer als Beruf »Fischer« an, 1990 waren es noch mehr als 80 Prozent, heute sind es immer noch drei von vieren.

Stetiges Auf und Ab. Wie Korken tanzen die kleinen Fischkutter in der hohen See des Atlantik.

Einer von ihnen signalisiert uns jetzt, dass wir an einer verwitterten Holzpier festmachen können, neben einem Lagerschuppen und drei Fischkuttern. Der junge Mann in rotem Overall und schwarzer Fellmütze gehört zu einer kleinen Gruppe von Männern, die dort mit schwerem Gerät hantieren. Wie fast jeder Norweger spricht er gut Englisch. Der sonore Klang unseres langsam laufenden Dreizylinder-Viertaktmotors weckt sein Interesse. Er kommt an die Pier. »Callesen?« Eine Frage, die eher eine Feststellung ist. Die meisten Fischer können am Klang des Motors mühelos den Hersteller erkennen. Wenige Minuten später steht er im engen Maschinenraum der DAGMAR AAEN und legt fast behutsam seine Hände auf den warmen Motor. »Very good engine!« Noch vor einigen Jahren habe es viele solcher Motoren hier gegeben. Aber heute nutze man modernere Maschinen. Die seien leichter und kompakter, hielten allerdings auch nicht so lange.

Wir kommen ins Plaudern. »Eine Tasse Kaffee?« Die nimmt er gern an. So ziemlich jeder Fischer trinkt Unmengen an Kaffee – zu jeder Tages- und Nachtzeit. »No fishing without coffee«, unser Besucher macht da keine Ausnahme. In der warmen Messe der DAGMAR AAEN sitzen wir zusammen, reden, fachsimpeln über Schiffe und Motoren. Er interessiert sich für unser Schiff – wann und wo wurde es gebaut, mit welcher Fangmethode hat es früher gefischt, in welcher Region, welche Fische? Wir sind im Gespräch, die DAGMAR AAEN hat wie so oft die Verbindung hergestellt. Er möchte alles über uns wissen, wir alles über ihn.

Er heißt Tommy Bensvik, ist gerade einmal 18 Jahre alt, hat aber ein Kreuz wie Sylvester Stallone und ist schon stolzer Besitzer von zwei Fischkuttern. Der eine noch traditionell aus Holz gebaut, der andere aus Stahl. Daneben liegt der stählerne Trawler seines Vaters Kent, die 16 Meter lange VÆRØYBUEN, die gerade für die nächste Fangreise ausgerüstet wird.

Vater Kent ist 41 Jahre alt, etwas kleiner als sein Sohn und etwas schmaler, aber vollkommen fit und straff. Federnd springt er vom Kai auf seinen verschneiten Kutter. Seit Kents Jugendtagen hat die Zahl der Einwohner von Værøy um mehr als ein Drittel abgenommen, und mit ihr die Zahl der Fischer, doch sein Sohn Tommy stemmt sich gegen den Trend. Dessen Mitschüler – zwölf waren sie in der Klasse – sind fast alle aufs Festland gegangen und machen inte-

ressante Ausbildungen für attraktive Jobs mit Zukunft. Auch die Gegenwart in Bodø, Tromsø oder Oslo dürfte für Jüngere attraktiver sein als die auf der Insel, wo es keine Treffpunkte gibt, auch kein Kino, nur sonnabends ein Pub, in dem Musik geboten wird. Man ahnt die alkoholgeschwängerte Trostlosigkeit dieser Abende.

Tommy aber kann sich keine schönere Gegenwart und Zukunft denken als die, hinauszufahren aufs Meer, dort über Nacht die Netze auszubringen, sie morgens wieder einzuholen, nachmittags den Fang anzulanden und dann wieder Kurs auf die offene See zu nehmen. Das ist der Rhythmus seines Lebens, seit er denken kann. Schon mit sechs Jahren hat ihn sein Vater mitgenommen und ans Steuer gestellt, während er an Deck das Netz klarmachte oder einholte. Mit sieben musste Tommy sein erstes eigenes Anlegemanöver im Hafen fahren. Mit 16 schloss er die zehnjährige Grundschule ab und wurde Fischer. Learning by doing – so hat er den Umgang mit Booten, Motoren, Seekarten und Netzen erlernt. Auf einer Fischerei- oder Seefahrtsschule war er nie. Lediglich ein kleines Steuermannspatent zum Führen seines Kutters musste er machen. Alles andere lehrten ihn das Leben und das Vorbild des Vaters.

Spiegelglatt. Das ruhige Zentrum von Værøy spiegelt sich einer Wasserfläche. Am Ende eines Fjords ruht ein altes Lofotboot von langer Fahrt.

Damit gleicht Tommy dem jungen Lars, der im Roman von Johan Bojer ebenfalls die höhere Schule in den Wind schlägt, stattdessen seine erste Lofotfahrt macht und durch das Vorbild seines Vaters Kristaver zum Fischer wird. Lars und Tommy: Es gibt einiges, was die beiden trotz aller Unterschiede der Zeiten und der Technik miteinander verbindet – die Liebe zum Meer, die Leidenschaft, mit der sie fischen, der Stolz auf alte Tradition und gutes Handwerk, auch der Respekt, den beide vor ihrem Vater haben. Man könnte die beiden für Geschwister im Geist halten. Aber dann klingelt plötzlich das iPhone von Tommy, neuestes Modell, auf dem Display erscheint das Foto seiner Freundin Amalie, blond und bildhübsch, es geht um den gemeinsamen Mallorca-Urlaub nach der Fangsaison – und man begreift, dass es mehr ist als nur technischer Fortschritt, der Tommy von Lars unterscheidet. Værøy mag klein, abgelegen und ziemlich menschenleer sein, doch weltfremd sind seine Bewohner deswegen nicht. Tommy kennt andere Länder und südliche Strände, er ist gut informiert und weltläufig, es gibt für ihn ein Leben jenseits des Kabeljaus. Aber in die Welt diesseits des Kabeljaus kehrt er immer wieder gern zurück. Hier ist das Zentrum seines Lebens.

Es ist eine Freude, ihm und seinem Vater zuzusehen, wenn sie beide zusammen arbeiten, reden, planen, sich dabei respektieren und – unübersehbar – Freunde sind, die Freude aneinander haben. Sie rüsten das Schiff aus, sie besprechen eine notwendige Reparatur, sie reden über das Fanggebiet – zwei ruhige Menschen, beide nachdenklich und viel lächelnd, ein Team, das sich mit wenigen Worten versteht und auch wortlos vertraut. Zwei Wochen werden sie jetzt wieder unterwegs sein, mit noch einem dritten Mann an Bord, und man spürt: Sie werden es gut haben. Auch kulinarisch? Mit frischem Skrei? Da grinst Tommy verlegen, schüttelt den Kopf. Fisch äßen sie selten, sein Vater schiebe bloß immer Pizza in den Ofen. »Deswegen musste ich selber kochen lernen.«

Am nächsten Tag kommt auch der Großvater mit zum Hafen, Arne Bensvik, 77 Jahre alt. Kantiger Schädel. Wortkarg. Fischer. Wie vorher sein Vater und vorher dessen Vater. Seit Menschengedenken lebt die Familie vom Fischfang. Arne ist immer noch ein kräftiger Mann, er packt mit an und hilft, wo er kann. Jetzt, da er da ist, wird Kent zum Sohn und Tommy zum Enkel. Es ist herzerwärmend, das zu beobachten: drei Generationen, die sich nah sind, die das Leben als Hochseefischer miteinander verbindet und die geprägt sind von Crew-Denken, der tagtäglichen Erfahrung, aufeinander angewiesen zu sein und sich aufeinander verlassen können zu müssen.

Arne Bensvik hat noch die alten Zeiten erlebt. Der ganze Hafen voll mit Schiffen, alles roch nach Fisch, nach Holzteer und Salz. Jeder durfte fischen, was er wollte, wann er wollte und so viel er wollte. Aber alle hatten nur kleine Boote ohne großes Equipment, sie waren zu fünft auf einem Boot, das heute einer fährt, Muskelkraft statt Maschinen. Auch die nautische Ausstattung war nicht viel anders als die der alten Lofotfischer in Bojers Roman. GPS gab es noch nicht, Radar hatten sie nicht, nicht einmal Funk war an Bord. Den Wetterbericht machte man sich selbst, die einzigen Hilfsmittel beim Navigieren waren Karte und Echolot. Es gab bis 1989 für die Fischer keinerlei Vorschriften, keine Kontrollen, keine Quoten, also auch keine Großfischer mit viel Kapital im Hintergrund, die sich Quoten zusammenkauften. Alte Zeiten, gute Zeiten? Arne Bensvik wiegt den Kopf. Der Profit war damals geringer, die Freiheit größer, aber auch das Risiko. In einer einzigen Nachkriegsnacht sind neun Fischer von Værøy

Blaue Stunde. Die Polarnacht ist vorbei, die Dauer des Tageslichts verlängert sich im Februar um acht Minuten pro Tag.

ums Leben gekommen, alles Verwandte von ihm. Ein plötzlicher Sturm auf dem Vestfjord überraschte sie, ein tückisches Revier, damals wie heute.

Auch Großvater Arne besitzt noch einen kleinen Kutter, Sohn Kent hat einen großen und Enkel Tommy gleich zwei. Warum? Tommy klärt uns auf: Jeder Kutter besitzt je nach Größe und Bauart eine Quote. Nicht der Kauf eines Kutters ist teuer, sondern die damit verbundene Quote, die man mitkauft. Deswegen ist das anfängliche Investment enorm. Zwar dürfen nur Fischer eine Quote und das dazugehörige Schiff kaufen, aber hinter manchem Fischer steht ein kapitalkräftiger Reeder, der scharf ist auf die Vergrößerung seiner Quote und mehr dafür zahlen kann als andere. Das Schiff, das er mitkauft, interessiert ihn manchmal gar nicht. So kommt es zwar zu einer Reduktion der Flotte, gefangen wird deshalb aber nicht weniger. Verschiedene Fischarten haben zudem verschiedene Quoten, und sie werden zu unterschiedlichen Zeiten gefangen. Es lohnt sich also für Tommy, zwei Kutter jeweils zu unterschiedlichen Zeiten einzusetzen. Quotenkunde in Norwegen ist höhere Mathematik.

Manchmal fluchen Vater und Sohn über die bürokratischen Hindernisse der Quotenregelungen und das engmaschige Paragrafennetz, mit dem sie sich herumschlagen müssen, aber insgeheim haben sie eine hohe Meinung von den norwegischen Fischereibiologen und stimmen deren Entscheidungen im Großen und Ganzen zu. »Die Wissenschaftler hatten Recht mit ihren Warnungen.« Wäre er Fischer der EU-Zone, sagt Kent, würde er seinen Beruf an den Nagel hängen. Dass es dort immer noch erlaubt sei, den sogenannten Beifang über Bord zu werfen – er verzieht den Mund – »disgusting«, widerlich. Der Beifang, das sind jene Fische, die irrtümlich und unerwünscht im Netz landen. Da sie aber bereits tot sind, wenn das Trawl an Deck gehievt wird, können sie nicht wieder in die Freiheit entlassen werden. Die norwegischen Fischer sind per Gesetz dazu verpflichtet, den Beifang anzulanden, der auf die jeweilige Quote des Fischers angerechnet wird. Deshalb setzt ein Fischer hier alles daran, einen möglichst geringen Beifang ins Boot zu holen.

Der Beifang macht ansonsten bis zu 40 Prozent des Gesamtfangs aus – eine ungeheure Menge. Die Trawler aus den EU-Ländern kippen die unerwünschten Fische wieder zurück ins Meer – eine ungeheuerliche Verschwendung, schimpft Ken. Diese Erkenntnis hat – wenn auch spät – zum Glück jetzt auch die Politiker und Bürokraten des EU- Parlaments erreicht. Anfang Februar 2013 wurden Maßnahmen zum Ende der Überfischung beschlossen, darunter auch das Rückwurfverbot des Beifangs. Über eine Million Tonnen Speisefisch werden allein in der

Nordsee jedes Jahr wieder über Bord geworfen – tot, versteht sich. Allerdings wird die Umsetzung des neuen Gesetzes noch eine Weile auf sich warten lassen; bis dahin landet der Beifang weiterhin ungenutzt im Meer. Und die Fischer auf der einen Seite und die Wissenschaftler auf der anderen bilden verfeindete Lager.

In Norwegen arbeiten Fischer und Wissenschaftler eng zusammen. »Manchmal sind wir schneller als sie«, amüsiert sich Ken, »wir nehmen Entwicklungen vor ihnen wahr. Aber wir geben unsere Erfahrungen an die Wissenschaftler weiter, es findet ein ständiger Erfahrungsaustausch statt, es gibt ein gemeinsames Ziel: den Schutz und die Schonung der bestehenden Bestände.« Allerdings bekommen auch Kent und Tommy jetzt den ökonomischen Fluch des ökologischen Segens zu spüren: viel Fisch gleich schlechter Preis gleich mehr Arbeit für gleiches Geld.

Größere Sorgen aber bereitet ihnen die boomende Offshore-Ölindustrie. Mit der Quotenregelung in der Fischerei können die Fischer gut leben, eine Verschmutzung des Meeres durch einen Ölunfall hingegen wäre die Katastrophe schlechthin. Von einem Tag zum anderen wäre die Existenz aller Fischer bedroht. Der aus der Offshore-Industrie resultierende Verkehr, die Bohrinseln, die Versorgungsschiffe, all das birgt erhebliche Risiken. Ken und Tommy machen sich Sorgen. Auch der Klimawandel beschäftigt die Fischer. Das Meer wird wärmer, als Folge könnte sich die Zone mit den Wassertemperaturen, die der Skrei zum Laichen aufsucht, verlagern – und der Kabeljau auf den Lofoten zum Importartikel werden.

Grünes Gewölbe. Das Nordlicht malt geheimnisvolle Formen an den Himmel.

JANNE ANDERSEN

FISCHEREIDIREKTORAT **REGIONALDIREKTORIN DER REGION NORDLAND**

Erholt. Der Bestand an Kabeljau war seit einem halben Jahrhundert nicht mehr so hoch wie heute.

»Die Verwaltung der Güter des Meeres verfolgt hier in Norwegen das oberste Ziel, eine nachhaltige Verwertung zu gewährleisten. Das heißt: Die Verwertung darf die Erneuerungsfähigkeit der Fischbestände nicht gefährden. Deswegen erarbeiten Wissenschaftler zunächst zuverlässige Prognosen für deren Entwicklung; danach werden vom Fischereiministerium die zulässigen Fangmengen und Quoten mit den internationalen Partnern wie Russland abgestimmt und dann für die Fischer festgelegt. Jeder, der mehr als 2000 Kilo Kabeljau im Jahr fängt, muss eine Lizenz als professioneller Fischer haben.

Die Aufgabe meiner Dienststelle ist es, in unserer Region dafür zu sorgen, dass die Fangmengen und alle Bestimmungen, die für die Fischerei gelten, eingehalten werden. Die Fischer müssen alles, was sie fangen, registrieren und an Land bringen. Den sogenannten Beifang über Bord zu werfen ist in Norwegen strikt verboten. Und wenn Fischer bei manchen Fischen oder Fischarten sagen, sie wüssten nicht, wie die verwertet werden können, dann sagen wir: ›Findet es heraus, lasst euch etwas einfallen.‹

Sowohl die Fischer wie die Aufkäufer ihres Fangs müssen dessen Menge und Gewicht protokollieren. Das verbessert unsere Kontrollmöglichkeiten. Unregistrierte Schwarzverkäufe sind bei Absprache zwischen Fischer und Aufkäufer theoretisch zwar möglich, praktisch aber schwierig, weil die Beteiligten nie wissen, wann wir zur Kontrolle kommen. Ungefähr zehn Prozent aller Fänge werden überprüft. Auch auf dem Wasser müssen die Fischereifahrzeuge mit Kontrollen und Inspektionen rechnen. Verstöße gegen Vorschriften führen zu empfindlichen Geldstrafen, in schweren Fällen sogar zur Beschlagnahme des Bootes oder des Fangs.

Im Großen und Ganzen sind die Fischer mit diesem System, das wir in den vergangenen 20 Jahren entwickelt und laufend verbessert haben, einverstanden. Sie schimpfen zwar immer mal wieder über die vielen Regeln, die sie einhalten müssen, und über zu hohe oder zu niedrige Quoten, aber sie wissen inzwischen auch, dass wir mit diesem System ihre eigene Lebensgrundlage schützen. Es ist vielleicht nicht vollkommen, aber es funktioniert.

Zurzeit klagen die Fischer darüber, dass es zu viel Fisch gibt, die Kabeljaubestände sind auf einem historischen Hoch. Das Überangebot drückt auf die Verkaufspreise, die Fischer müssen mehr arbeiten, um das gleiche Einkommen zu erzielen. Das mag hart für sie sein, gehört aber zu ihrem Beruf. Es ist genauso wie bei den Bauern – die Ernten sind nicht immer gleich. Es geht auf und ab, es gibt gute und schlechte Jahre. Außerdem gibt es ein Rettungsnetz für die Fischer: Schon vor 18 Jahren wurde ein Gesetz verabschiedet, das ihnen Mindestpreise garantiert. Nur oberhalb dieser Preise reguliert sich der Markt selbst.

Die Zahl der Fischer in Norwegen ist in den letzten Jahren stetig zurückgegangen. Ihre Arbeit ist oft hart und zeitintensiv, das Einkommen schwankend und manchmal

nicht besonders hoch. Viele geben deswegen auf. Das aufgegebene Boot mit der dazugehörigen Quote wird dann an den Meistbietenden verkauft. Der muss zwar ebenfalls Fischer sein, weil professionelle Fischereifahrzeuge immer zu mindestens 51 Prozent im Besitz eines Fischers sein müssen, aber es kommt dadurch zu einer Konzentrationsbewegung. Die Großen werden größer, die Kleinen kapitulieren.«

BESTANDSSCHUTZ AUF ANDERE ART

Der Sturm ist abgezogen und hat nur Wind zurückgelassen, die DAGMAR AAEN segelt wieder. Es geht über den Vestfjord mit nordöstlichem Kurs, Richtung Hinnøya, Harstad und dann zum Endpunkt dieser Reise nach Tromsø.

Die Tage jetzt im Februar sind schon deutlich länger, jede Woche sieht man das Licht um eine knappe Stunde länger. Die Dämmerungsphasen am Vormittag und Nachmittag sind endlos, die Sonne steigt noch nicht weit über den Horizont, doch sie feuert auf der flachen Kurve ihrer Bahn alle Varianten von Rot und Orange in den Himmel und auf das Meer, wo sich das Licht dann in 1000 Facetten in Wolken und Wellen bricht. Eine ganze Skala von Farben glimmt auf und verlöscht wieder, Tomatenrot, auberginefarbiges Violett, Mangogelb, immer neue Töne und Mischungen, ein grandioses Präludium für das Nordlicht, das an klaren Tagen bei Dunkelheit folgt. »Heringsblitz« nannten es die Fischer, wenn der Himmel von den grünen und violetten Bögen und Bändern des Nordlichtes erhellt wurde. Die geheimnisvoll fluktuierenden Bilder, die der Sonnenwind ans Firmament malte, galten ihnen als Widerspiegelung gewaltiger Fischschwärme im Meer. Noch einmal zieht die grandiose Kulisse der Lofoten-Berge an Backbord vorbei, ertrunkenes Hochgebirge mit unglaublichen Farben, Formen und Konturen. Die Inseln sind heute ein beliebtes Urlaubsziel – im Sommer. Und, seitdem die Kreuzfahrtreedereien den Zauber des Lichts für sich entdeckt haben, zunehmend auch im Winter. Niemand soll denken, er kenne die Lofoten, wenn er diese berauschende Welt nicht auch im Winter gesehen hat.

Vor Hinnøya endet die Kette der Lofoten, die Insel gehört schon zu den Vesterålen, wo die Berge flacher und weniger schroff sind. Dann, weiter nach Nordosten, wieder durch Fjorde und Schären-Fahrwasser.

An einem Fjord südlich von Tromsø treffen wir auf ein paar mächtige graue Hallen direkt am Ufer. Eine aufwändige Röhrenkonstruktion verbindet sie mit dem Wasser des Fjords. Es ist eine Anlage der »Nofima«, des großen, vom norwegischen Staat gut finanzierten Forschungsinstituts für Nahrungsmittel, Fischerei und Aquakultur. Eine der Hallen beherbergt riesige Bassins, in denen schwangere Kabeljauweibchen schwimmen. Ihnen wird ein künstlicher Rhythmus von Tag und Nacht vorgegaukelt und sie bekommen ein optimales Futterangebot.

Herr der Halle ist Øyvind J. Hansen, 42, ein sympathischer Hüne mit Zweitagebart und struppigem Haar; er ist Wissenschaftler und Produktionsmanager der »Nofima Breeding Station«, einer Versuchsanlage für die Zucht von Kabeljau. Als er vom Anlass und Hintergrund unserer Reise hört, erzählt er uns

»Heringsblitz«. Den Fischern der alten Zeit galt die »Aurora Borealis«, das Nord- oder Polarlicht, als Widerspiegelung gewaltiger Fischschwärme am Himmel.

Dicke Suppe. Das durch den Golfstrom erwärmte Wasser des Atlantik lässt Nebel in den eisigen Morgen aufsteigen.

sofort seine Familiengeschichte: Sein Urgroßvater, sein Großvater, sein Vater – alle waren sie Fischer, die im Winter zu den Lofoten fuhren, nach Henningsvær, wo der Urgroßvater noch in offenen Ruderbooten fischte, wie in Bojers Roman beschrieben. Er, Øyvind, ist der Erste in der Familie, der nicht Fischer geworden ist, sondern Fischereibiologe; der Fische nicht fängt, sondern züchtet. Eine symptomatische Veränderung? Ja, lacht er, das könne man so sehen. Denn Teil seiner Familiengeschichte sei auch die Erfahrung, dass Not herrschte, wenn es keinen Fisch gab. Er sei vielleicht der Repräsentant eines ähnlichen historischen Wandels wie dem des jungsteinzeitlichen Übergangs vom Jagen und Sammeln zu Ackerbau und Viehzucht.

Aber welchen Sinn macht es, Kabeljau mit großem Aufwand zu züchten, wenn die Fischer stöhnen, dass es zu viele Kabeljaus gibt und die Preise verfallen? Øyvind kennt die Frage. »Nach den fetten Jahren werden wieder magere Jahre kommen«, sagt er, viele Faktoren wirkten mit bei der Entwicklung der Kabeljaubestände, die Zahl der Lodden, der Robben, der Wale; am Ende ergebe

sich immer ein Auf und Ab. Außerdem sei die Zahl der gefangenen Fische nur jetzt so hoch, zur Laichzeit im Winter. »Die Menschen wollen aber auch im Herbst Kabeljau essen, wenn die Fangmengen klein sind.« Deshalb folge Norwegen dem Prinzip der vorsichtigen Hausfrau: niemals alle Eier in einen Korb legen! Der für das Land wichtige Fischexport soll möglichst auf beiden Beinen stehen, Fischerei und Fischzucht – keine Konkurrenten also, sondern Komplementäre. Auch die nächste Frage kennt der Wissenschaftler und beantwortet sie routiniert: Ob seine Zuchtbemühungen auch darauf abzielten, den Kabeljau zu »optimieren«, also besser zu machen, als die Natur ihn gemacht hat? Nein, sagt Øyvind, Fische seien immer angepasst an ihre Umwelt und die Umstände, unter denen sie leben. Nichts anderes geschehe in einer Fischzuchtanlage: Die Fische werden adaptiert an die Umstände, in denen sie leben.

Schwieriger zu beantworten ist die Frage, wie viel Fisch der Fisch braucht, wenn man ihn züchtet. Anders gefragt: Wie viel Futter, das aus Fisch besteht, muss eingesetzt werden, um wie viel Biomasse zu produzieren, die aus Fisch

Fisch für die Forschung. Der norwegische Fischereibiologe Øyvind J. Hansen von der Nofima und die deutsche Marinebiologin Marina Gebert vom Fraunhofer Institut untersuchen kommerzielle Möglichkeiten der Kabeljaunutzung.

besteht? Die Wissenschaftler sprechen von einem »Fish-in/Fish-out-Verhältnis«, und das ist für größere Raubfische – im Gegensatz beispielsweise zu pflanzenfressenden Karpfen – immer noch ungünstig. Für Lachse muss man – trotz erheblicher Verbesserungen in den vergangenen Jahren – immer noch rund drei Kilo Futter in Form von Fischmehl und Fischöl einsetzen, um ein Kilo Zuchtfisch zu bekommen. Da es noch kaum Erfahrungen mit der kommerziellen Zucht von Kabeljau gibt, fehlen entsprechende Angaben, aber Øyvind ist auch da optimistisch. Verbesserte Fütterungsmethoden und stärkerer Einsatz von pflanzlichen Nährstoffen würden die Ökobilanz der Aquakulturen, also auch der Kabeljauzucht, immer weiter verbessern, glaubt er. Kommerzielle Kabeljauzucht? »Ja«, sagt der Wissenschaftler mit Nachdruck, »die wird es geben, sie macht Sinn.«

Bei unserem Gespräch wissen weder er noch wir, dass wir schon kurz darauf, nur ein paar Fjorde weiter, der Vision eines völlig neuen Konzeptes für die Gewinnung von Fischbiomasse begegnen werden. Das könnte auch eine Revolution der Aquakultur bedeuten. Vor dem Haus eines Fischers, der nebenbei eine kleine Gastwirtschaft betreibt, treffen wir auf einen hochmodernen Labortruck der deutschen Fraunhofer-Gesellschaft und lernen Marina Gebert kennen. Die promovierte Marinebiologin aus Lübeck ist Leiterin einer Forschungsgruppe, die sich mit der Extraktion und Vermehrung von Stammzellen beschäftigt, und sie ist hier in Norwegen auf der Jagd nach Stammzellen von Fischen. Da diese Stammzellen eines Fisches nach seinem Tod ziemlich schnell absterben, treibt die Biologin der gleiche Ehrgeiz wie einen Spitzenkoch – und sie fährt mit ihrem rollenden Zelllabor dorthin, wo sie ihre Objekte garantiert frisch auf den OP-Tisch bekommt. Dann entnimmt sie den Gehirnen und Bauchspeicheldrüsen der Tiere Zellen, isoliert die Stammzellen, bereitet sie auf und prüft ihre Vermehrungsfähigkeit.

Stammzellen haben die Fähigkeit, sich immer weiter zu teilen und in verschiedenste Körperzellen zu differenzieren, sie können zu einer Hautzelle werden, einer Nervenzelle oder einer Muskelzelle. Für die deutsche Wissenschaftlerin kommt es auf ihre Teilungsfähigkeit an. Denn jedes Teil teilt sich wieder, auch die neuen Zellen teilen sich sofort wieder, es erfolgt also ein exponenzielles Wachstum, und im Laborversuch ist es schon gelungen, aus einer einzigen

Zelle – Gewicht: ein Nanogramm – innerhalb eines Monates eine Tonne Biomasse zu machen. Diese »Biomasse« ist Fisch, reines Fischfleisch ohne irgendwelche Zusatzstoffe. Man könnte daraus ohne Weiteres Fischfrikadellen machen oder Fischstäbchen – oder eben Futter für Zuchtfische. Die Produktion ist relativ einfach und billig. Da die meisten Fische in kühlem Wasser leben, entwickeln sich ihre Zellen ohne zusätzliche Wärmezufuhr, sie brauchen nichts weiter als geeignete Nährböden, auf denen sie wachsen und sich munter teilen können.

Für die kommerzielle Umsetzung des revolutionären Konzeptes fehlt allerdings noch zweierlei: erstens die Übersetzung der Laborverhältnisse in die Technologie einer industriellen Großanlage. Und zweitens das Wissen, welche Fischart sich für diese Zellvermehrung am besten eignet. Bis jetzt ist der Stör Favorit der Experten, aber von den rund 30 000 Knochenfischarten, die es auf der Welt gibt, sind erst etwa 100 untersucht worden. Und weltweit arbeitet kaum mehr als eine Handvoll Wissenschaftler an der Erforschung neuer Zellen. Es ist also noch ein ziemlich weites Feld, das vor der engagierten jungen Wissenschaftlerin liegt. Doch sie ist zuversichtlich, mit ihrer Forschung zur Lösung eines Menschheitsproblems beitragen zu können, das immer drängender wird.

Im »World Ocean Review 2013« (»Die Zukunft der Fische – die Fischerei der Zukunft«) kann man nachlesen, dass heute schon pro Jahr rund 60 Millionen Tonnen Fisch, Krebse, Muscheln und andere Wasserorganismen gezüchtet werden – fast genauso viel wie die Menge an Meeresfisch und Meeresfrüchten, die wild gefangen wird. Die Autoren der Untersuchung merken dazu an: »Ein Vorteil der Aquakultur ist, dass für die Zucht von Fisch und Meeresfrüchten weit weniger Futter benötigt wird als für die Rinder- oder Schweinemast. Die Aquakultur ist damit ein ressourcenschonender Weg, um proteinreiche tierische Nahrung herzustellen. Aktuelle Studien, die die künftige Entwicklung bis zum Jahre 2050 berechnen, gehen davon aus, dass die Aquakultur den wachsenden Fischbedarf der Weltbevölkerung decken kann.« Problematisch aber sei, »dass die Aquakultur heute noch den Fang großer Mengen an Wildfisch erfordert«, der dann zu Fischmehl oder Fischöl verarbeitet und für die Aufzucht verwendet wird. Der weiße Labortruck aus Lübeck und die junge Frau im weißen Kittel, die darin fachmännisch einen Kabeljau zerlegt, sind unterwegs, um dieses Problem zu lösen.

Starke Typen. Kurz vor der Wende zum 20. Jahrhundert posieren Lofotfischer vor ihrer »Rorbuer« (Rudererbude) bei Kabelvåg.

HEIMATMUSEUM

»Norwegen«, so hat Hans Magnus Enzensberger geschrieben, »ist Europas größtes Heimatmuseum, aber auch ein riesiges Zukunftslabor.« Das Land ist reich. Während auf jeden Einwohner in Deutschland eine anteilige Staatsschuldenlast in Höhe von mehr als 25 000 Euro entfällt, hat Norwegen aus den Einnahmen seiner Erdölförderung einen Fonds für schlechtere Zeiten gebildet, in dem knapp 100 000 Euro pro Einwohner angespart sind. Der Staat hat hohe Einnahmen, genug, um Kultur, Wissenschaft und Forschung großzügig zu unterstützen, darunter Einrichtungen wie die »Nofima« mit 140 Mitarbeitern und einem jährlichen Etat von 500 Millionen Norwegischen Kronen (ca. 66 Mio. Euro) – allein für die anwendungsorientierte Erforschung maritimer Nahrungsquellen. Das Zukunftslabor kann sich sehen lassen.

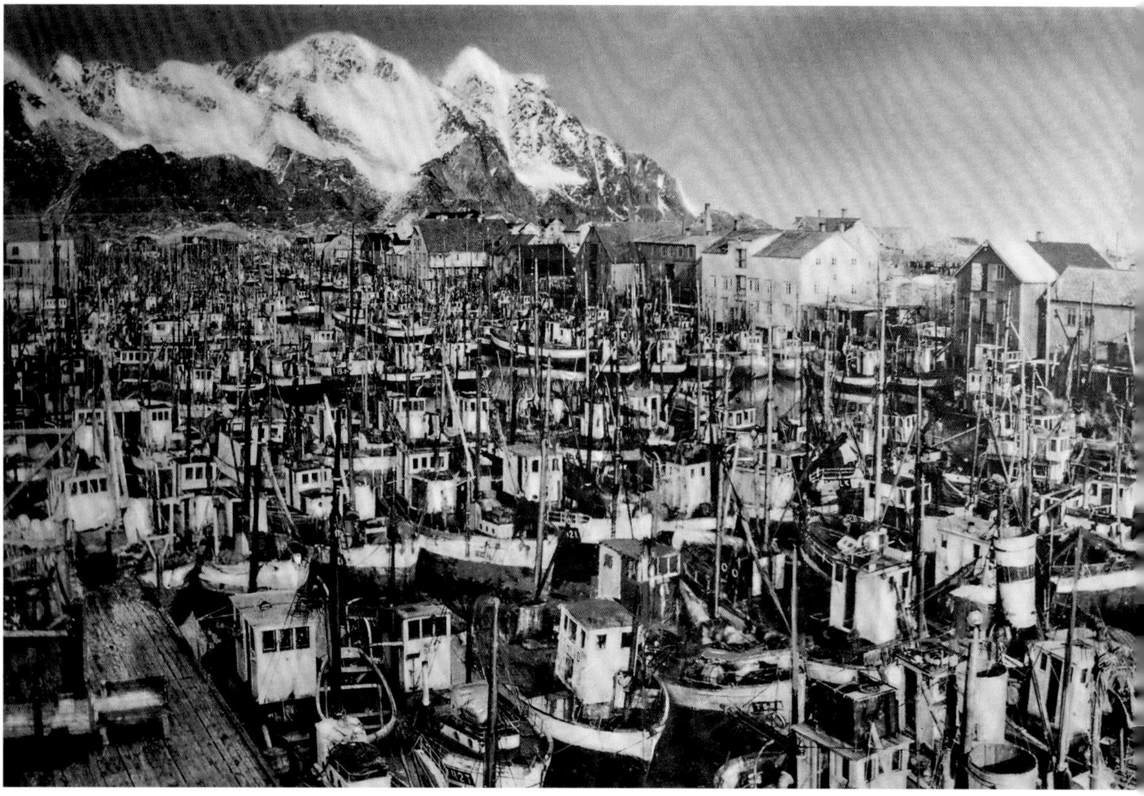

Wie Ölsardinen. Die Flotte der Skreifischer drängt sich 1947 während der Fangsaison im Hafen von Henningsvær.

Doppelbelastung. Ragnvald Kristiansen ist »Bauernfischer«, sein Alltag war das ganze Leben lang von Arbeit auf See und in der Landwirtschaft geprägt.

Doch das Heimatmuseum steht gleich nebenan. Ein schmaler Fjord zwischen einer kleinen Insel im Irgendwo und dem Festland, beide düster und karg. Die DAGMAR AAEN ankert vor der Insel in einer Bucht, die von einem flachen Sandstrand gesäumt wird. 50 Meter oberhalb des Strandes steht ein kleines niedriges Haus, vollgestopft mit Plastikblumen, eingerahmten Bildern aus Illustrierten und Nippesfiguren. Im Wohnzimmer ein alter wuchtiger Schrank, eine Sitzecke und vor dem Fenster Schaukelstühle mit Kunstleder. Hier wohnt Ragnvald Kristiansen, hier wurde er vor 72 Jahren geboren, hier heiratete er seine Frau, zog mit ihr zwei Söhne und eine Tochter auf, die weggingen wie die meisten von der Insel. 50 Menschen lebten hier früher, jetzt sind es noch fünf. Hier erlitt seine Frau den Schlaganfall, von dem sie sich nicht wieder erholte. Hierher holte er sie trotzdem aus dem Pflegeheim zurück, jetzt sitzt sie die meiste Zeit des Tages im Rollstuhl, warm eingepackt in geblümte Decken, und schaut aus dem Fenster, wo die Augen immer das Gleiche sehen: den flachen Strand, das unruhige Wasser, die kargen Berge.

Hier haben die Ölmilliarden, die das Land einnimmt, das Leben kaum verändert. Eine Straße wurde entlang des Fjords gebaut, den man früher nur mit dem Schiff erreichen konnte, eine regelmäßige Fährverbindung zur Insel wurde eingerichtet. Vor 60 Jahren musste Ragnvald rudern, wenn er morgens zu seiner Schule auf dem Festland wollte, auch bei Regen und Schnee, seine nasse Kleidung trocknete dann während des Unterrichts am Körper. Heute kämen die Kinder trocken in die Schule, aber es gibt keine Schulkinder mehr auf der Insel. Und die Straße ist für Ragnvald ohne große Bedeutung, er rechnet immer noch alle Distanzen in Seemeilen – die nächste Einkaufsmöglichkeit ist fünf Meilen entfernt, die nächste Kleinstadt eine halbe Tagesreise, die nächste Großstadt unerreichbar.

Seine Tage sind immer noch die gleichen wie vor 50 Jahren. Morgens rausrudern, die Netze kontrollieren und reparieren; dann die Schafe versorgen, die letzten Tiere, die er noch hat; früher gab es auch ein paar Kühe, Pferde, eine kleine Landwirtschaft, heute muss er sich nur noch um den Garten kümmern mit Kartoffeln, Kohlrabi, Mohrrüben und Rhabarber, dem ersten frischen Gemüse im Jahr. Nach Netzen, Schafen und Garten ist sein kleiner Kutter dran, der auf den Strand gezogen ist, Ragnvald säubert den Rumpf, schleift und malt. Ein kleines Stück weiter liegt der noch kleinere Vorgänger an Land, die Farbe

abgeblättert, das Holz rissig und mürbe. Mit ihm fuhr er früher zu den Lofoten, und die Zeit dort war immer der Höhepunkt des Jahres. 600 Schiffe waren sie im Hafen von Henningsvær, sie lagen so eng nebeneinander wie die Sardinen in der Dose, und alle hatten Angst, dass auf irgendeinem Schiff ein Feuer ausbricht. Ansonsten aber war das Leben lustig, die Kneipen hatten offen, das Bier floss in Strömen, es gab Prügeleien, es wurde gesungen, sie hatten es gut. Ragnvald lacht viel, wenn er von dieser Zeit erzählt. Sie fischten bis tief in den März hinein, bis der Skrei sein Laichgeschäft erledigt hatte und sich auf den Rückweg machte in die kalte Barentssee. Dann kehrte auch Ragnvald wieder zurück auf seine stille Insel. Und hier, sagt er, werde er irgendwann auch seine Stiefel abgeben.

Er ist immer noch ein fröhlicher Mann, kräftig und meistens gut gelaunt, besonders dann, wenn er Zeit hat, sich seinem Hobby zu widmen: der Instandsetzung und Pflege von einem Dutzend alter Motoren, die er aus schwimmenden und rollenden Wracks ausgebaut, entrostet, repariert und wieder in Schwung gebracht hat. Der größte, ein alter Schiffsdiesel, steht in einem Schuppen, und der alte Mann freut sich wie ein Schuljunge über eine Eins, wenn er das betagte Triebwerk dazu bringt, anzuspringen und sinnlose, aber gewaltige Rußwolken in die klare Winterluft zu blasen. Es erinnert ihn an die Zeit, als sein alter Holzkutter ähnliche Wolken, nur kleiner, in den Himmel über dem Vestfjord pustete.

» *Anfang April begann der Fang abzuflauen, und eines Tages – sie lagen auf den Bänken in Sonnenschein und blauer Meeresbrise, hoben mehrere den Kopf und blickten einer Schar schwarzer Vögel nach, die aufflogen und nach Westen zogen. ›Die Scharbe zieht‹, sagten sie und lachten sich zu. Das war ein Zeichen. Das war die Zeit, wo es hier zu Ende war.*

So blau kann der Wesfjord sein. So gutmütig können die Wellen sich in Sonne und Wind tummeln, wie fröhliche Kinder, die Purzelbaum schlagen. So warm kann der Wind wehen, obwohl in Fjorden und Tälern der Schnee mannshoch liegt.

Über den blauen Vestfjord ging es, ein Schwarm fliegender Segel, die alle von Heimweh geschwellt wurden. Ganz plötzlich war in allen Gemütern diese Sehnsucht erwacht, dem Frühling und der Sonne entgegen zu fahren, dieses Verlangen nach grünen Hängen und Wäldern mit springenden Knospen, nach kleinen Hütten auf Landzungen und drinnen in Fjorden, dort im Süden, ganz weit im Süden, hundert Meilen von hier, ganz, ganz weit im Süden. «

LEINEN FEST!

In Tromsø, unserem letzten Hafen auf dieser Fahrt, bleibt es nicht beim üblichen Festmacher-Bier. Wir feiern. Und zwar so, wie es sich für diese Reise gehört, mit Mölje, dem Festessen der alten Fischer.

» *›Mölje! Platz da, Leute, jetzt gibt's endlich was Richtiges zu essen!‹*

Henrik trug mehrere Schüsseln mit zerstückeltem Fladbröd herein, jetzt kam der Topf mit gekochter, dampfender Leber, von der er eine reichliche Portion auf jede Schüssel verteilte. Das Fett glänzte auf den Fladbrödhaufen, jetzt wurde Molkenkäse geschabt und darüber gestreut und schließlich wurde Sirup in langen goldenen Schlangen über das Ganze gegossen. Dann wird alles mit dem Löffel verrührt, dass es wie ein Brei wird – Herrgott, das schmeckt! «

Im Roman von Johan Bojer lernt man diese sehr spezielle Version des Traditionsessens kennen, aber eigentlich besteht Mölje aus Kabeljau, der zusammen mit Leber und Rogen gekocht und dann mit Kartoffeln gegessen wird. Unser Crew-Mitglied Gerd, kundiger Einwohner von Tromsø, weiß natürlich die Adresse, wo das alte Gericht auf delikat-moderne Art zubereitet wird: in »Emmas Drommekjokken«, einem kleinen, aber noblen Restaurant am Marktplatz der Stadt, direkt gegenüber der Domkirche.

Emma heißt eigentlich Anne Brit Andreassen, aber der Name Emma gefiel ihr besser und passt auch besser zu ihr. Sie ist eine fröhlich-füllige Gastgeberin in den Sechzigern mit viel stellvertretender Genussfreude, die allen lokalen Produkten und ganz besonders frischem Skrei Ehrerbietung erweist. Das meiste hat Emma von ihrer Mutter gelernt. »She was an excellent cook«, sagt sie, an fünf von sieben Wochentagen gab es zu Hause Fisch.

Die norwegische Königin war schon fünfmal Gast bei Emma, die norwegische Prinzessin zweimal und der König sowie Hillary Clinton jeweils einmal. Jetzt sind wir dran. Küchenchef Esben Enoksen zeigt uns, wie er Mölje auf zeitgenössische Weise zubereitet. Die »Loins« (Rückenfilets) des Fisches werden zunächst eine Stunde in kaltes Salzwasser gelegt, dann simmern sie zehn Minuten in kochend heißem, aber nicht mehr kochendem gesalzenem Wasser. Der Kabeljaurogen wird mit Folie in die Form einer Rolle gebracht und 20 Minuten gekocht. Die Leber des Fisches wird enthäutet und in kleine, sehnenfreie Stücke zerteilt, dann ziehen diese mit Zwiebeln, Salz und schwarzem Pfeffer für 20 Minuten in einer Pfanne mit Fett. Nebenher werden ein paar Mohrrüben gekocht. Dann kommt das Fischfilet in die Mitte des Tellers, die Scheiben der zerteilten Rogenrolle (ohne Folie!) werden abwechselnd mit Mohrrübenscheiben drum herum drapiert und das Ganze mit den gedünsteten Leberstückchen

übergossen. Fertig. Dazu gibt es kleine gekochte, sogenannte Mandelkartoffeln mit Schale. Ganz einfach und einfach ganz köstlich! Emma empfiehlt als Vorspeise panierte Kabeljauzungen mit einer leichten Remoulade. Um mit Bojer zu reden: Herrgott – das schmeckt! Danach gibt es dann einen obligatorischen Aquavit.

Und da Emma uns eingeladen hat (danke, Emma!), leisten wir es uns, den Heimweg genauso zu gestalten wie die vielen jungen Leute in Tromsø, die abends von Kneipe zu Kneipe und Drink zu Drink ziehen. Es wird ein längerer Heimweg, aber der Durst ist groß heute, das Bier frisch und leicht, und spätestens wenn man auf die Rechnung schaut, wird man sowieso wieder nüchtern.

Und dann kehrt die Crew der DAGMAR AAEN nach vielen Wochen voll Ungewaschenheit, Kälte, Schnee, Sturm und Dunkelheit, nach ebenso vielen Stunden voll Schauens und Staunens, voller Erlebnisse der See und des Landes und des Lichtes für eine letzte Nacht zurück zum Hafen und an Bord. Satt und selig. Glücklich.

Und darum geht es doch letztlich.

Happy End. Die beliebteste Form der Zubereitung von Skrei ist für Norweger das Traditionsessen »Mölje«, hier in »Emmas Drommekjokken« in Tromsø.

» *Schiffe und Boote im Hafen, das Rauschen der Brandung vom Meer her, Dunkel und Frieden über Land und See, o du Maria – aho!* «

Svolvær
Kabelvåg
Henningsvær
Stamsund
Ramberg
Ballstad
Nus-
fjord
Loften
Moskenes
Sørvågen
Moskestrom
Værøy